Inhaltsverzeichnis:

Impressum
1. Auflage (18.01.2017)
Verlag: DV Concept
Autoren, Design und Layout: Jörg Madinger, Elke Lackner
ISBN: 978-3-95641-169-4

Diese Publikation ist im Katalog der **Deutschen Nationalbibliothek** gelistet, bibliografische Daten können unter http://dnb.de aufgerufen werden.

Vorwort

Liebe Leserinnen und Leser,
vielen Dank, dass Sie sich für ein Buch der trainingsunterstützenden Reihe von handball-uebungen.de entschieden haben.

Die vorliegenden Trainingseinheiten zielen darauf ab, die handballspezifischen Konditionsfaktoren zu verbessern, vor allem in den Bereichen Schnelligkeit, Schnelligkeitsausdauer und Kraft.

Im Kraftbereich liegt ein großes Augenmerk auf der Verbesserung der Rumpfstabilität durch Stütz- und dynamische Stabilisationsübungen. Die Stabilität ist in allen Bereichen des Handballspiels von großer Bedeutung für die Leistungsfähigkeit und dient zudem der Verletzungsprophylaxe.

In den Bereichen Schnelligkeit und Schnellkraft spielen vor allem die reflexive Sprungkraft, kurze Sprints und die Schnelligkeitsausdauer eine entscheidende Rolle; allesamt Fähigkeiten, die im Handballspiel große Erfolgsfaktoren darstellen.

Die Trainingseinheiten verbinden Krafttraining im Parcours mit kleinen Wettkämpfen und handballspezifischen Übungen und zeigen so eine Möglichkeit auf, das Konditionstraining abwechslungsreich zu gestalten, sodass auch der Spaß im Training nicht zu kurz kommt.

Die im Buch enthaltenen Trainingseinheiten sind konzipiert für höhere Altersklassen und den Aktivenbereich. Dabei sind bestimmte körperliche Voraussetzungen notwendig. Die Organisation der Übungen lässt sich auch auf jüngere Jahrgänge übertragen, hierbei sollte aber darauf geachtet werden, dass die Übungen bezüglich des Schwierigkeitsgrads an die Möglichkeiten der Jugendlichen angepasst werden.

Folgende Trainingseinheiten sind in diesem Buch enthalten:

TE 1 – Wurfserien mit reflexivem Sprungkrafttraining (273) (★★★★)

Der Schwerpunkt dieser Trainingseinheit liegt im Training der Sprungkraft durch handballspezifisches Wurftraining. Nach der Erwärmung, einer Übung zur Laufkoordination und einem Sprintwettkampf folgen in der Ballgewöhnung Sprünge und Zusatzaufgaben mit Ball. Nach dem Torhüter einwerfen werden in zwei individuellen Wurfübungen die Reaktion und die Sprungkraft trainiert. Ein Abschlussspiel rundet diese Trainingseinheit ab.

TE 2 – Intensives Schnellkraft-/Schnellkraftausdauertraining mit verschiedenen Laufrichtungen (TE 279) (★★★★)

Der Schwerpunkt dieser Athletikeinheit liegt im Training der Schnellkraftausdauer. Nach der Erwärmung und einem kleinen Spiel folgen fünf Athletikübungen, die die unterschiedlichen Muskelgruppen in den Oberschenkeln durch Vorwärts-, Rückwärts- und Seitwärtsbewegungen trainieren. Diese Trainingseinheit ist sehr intensiv und lässt sich sehr gut in die Vorbereitungszeiträume bzw. spielfreien Zeiten einbauen.

TE 3 – Handballspezifisches Ausdauertraining mit Konterbewegungen (285) (★★★★)

Das Ziel dieser Trainingseinheit liegt im handballspezifischen Ausdauertraining, mit dem Schwerpunkt auf Lauf- und Sprungübungen. Nach der Erwärmung mit einer Übung zur Laufkoordination, folgt bei der Ballgewöhnung ein Pass- und Laufkontinuum über die ganze Halle. Das Torhüter einwerfen beinhaltet eine 4er-Wurfserie, kombiniert mit einer anschließenden 2gegen2 Konteraktion. Die anschließende Ausdauereinheit fordert Sprungelemente im Wechsel mit einem 2gegen2 Spiel über das ganze Feld. Eine Teamübung und ein Mannschaftskonterwettkampf schließen diese intensive Einheit ab.

TE 4 – Intensives Athletiktraining für Arme und Beine (297) (★★★★)

Der Schwerpunkt dieser intensiven Trainingseinheit liegt im Athletiktraining. Nach der Erwärmung mit einem laufintensiven Aufwärmspiel und einer Laufkoordinationsübung folgt ein Athletikparcours. Eine weitere Sprung- und Kräftigungsübung für die Arme und eine Laufübung zum Abschluss runden diese Trainingseinheit ab.

TE 5 – Handballspezifisches Ausdauertraining in spielnahen Situationen (319) (★★★)

Diese Trainingseinheit beinhaltet eine spielerische und handballnahe Ausdauereinheit. Alle Einzelübungen sind laufintensiv und haben den direkten Handballbezug. Nach der Erwärmung mit der Ballgewöhnung und dem Torhüter einwerfen folgt der Ausdauerparcours. Zwei Spieler absolvieren dabei eine Aufgabe gegeneinander. Welche Mannschaft erzielt zuerst acht Punkte? Ein Sprintwettkampf rundet diese intensive Trainingseinheit ab.

handball-uebungen.de
Trainingseinheiten und Übungen für Ihr Training!

1. Kurzer Einblick in die Jahresplanung

Ziele des Trainings

Jahresplanung

In der Jahresplanung sollten folgende Punkte beachtet werden:

- Wie viele Trainingseinheiten habe ich zur Verfügung (hierbei Ferienzeit, Feiertage und den Spielplan mitberücksichtigen)?
- Was möchte ich in diesem Jahr erreichen/verbessern?
- Welche Ziele sollten innerhalb einer Rahmenkonzeption (des Vereins, des Verbands, z. B. DHB) erreicht werden? In der Rahmenkonzeption des DHB finden Sie viele Orientierungshilfen für die Themen Abwehrsysteme, individuelle Angriffs-/Abwehrfähigkeiten und dazu, was am Ende welcher Altersstufe erreicht werden sollte.
- Welche Fähigkeiten hat meine Mannschaft (haben meine individuellen Spieler)? Dies sollte immer wieder analysiert und dokumentiert werden, damit ein Soll-/Ist-Vergleich in regelmäßigen Abständen möglich ist. Gerade im Jugendbereich sind die Leistungsunterschiede oft sehr groß. Dies muss auch im Training berücksichtigt werden. In einem gemeinsamen Training kann durch sinnvolle Zusammenstellung von Gruppen der Lernzuwachs für einzelne Spieler optimiert werden. Auch eigene Trainingseinheiten für bestimmte Leistungsgruppen oder Spieler mit gleichen Defiziten können innerhalb der Jahresplanung unter Umständen vorgesehen werden.

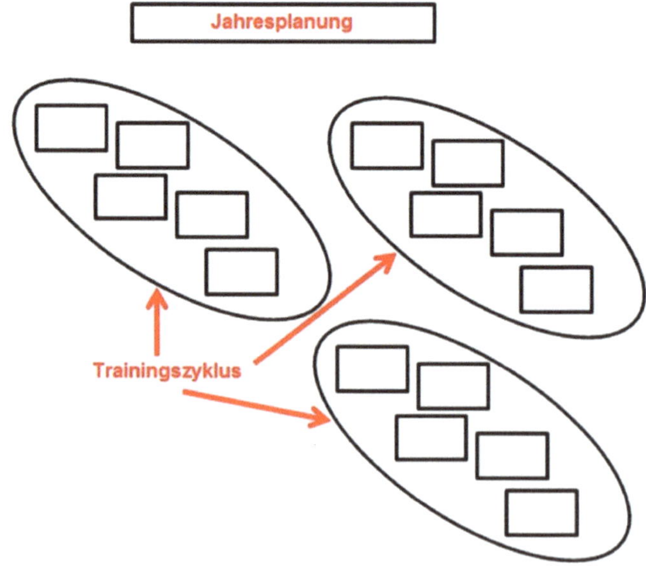
Jahresplanung
Trainingszyklus

Zerlegung der Jahresplanung in einzelne Zwischenschritte:

- Die Jahresplanung kann noch einmal in spezielle Abschnitte eingeteilt werden.
- Im Jugendbereich können die Phasen beispielhaft so aussehen:
  - Vom Saisonende bis zu den großen Ferien
  - Das Training in den Ferien
  - Die Phase bis zum Beginn der nächsten Spielsaison
  - Innerhalb der Spielsaison kann man eventuell noch in die Hinrunde und die Rückrunde unterteilen, wobei auch hier die Ferienzeiten zu beachten sind.

Diese groben Trainingsphasen sollten dann schrittweise verfeinert und einzeln geplant werden:

- Einteilung der Trainingsphasen in einzelne Blöcke mit blockspezifischen Zielen (z. B. Monatsplanung)
- Einteilung in Wochenpläne
- Planung der einzelnen Trainingseinheiten

Die vorliegenden Trainingseinheiten eignen sich vor allem für die Vorbereitungsphasen oder größeren Wettkampfpausen während der Spielrunde.

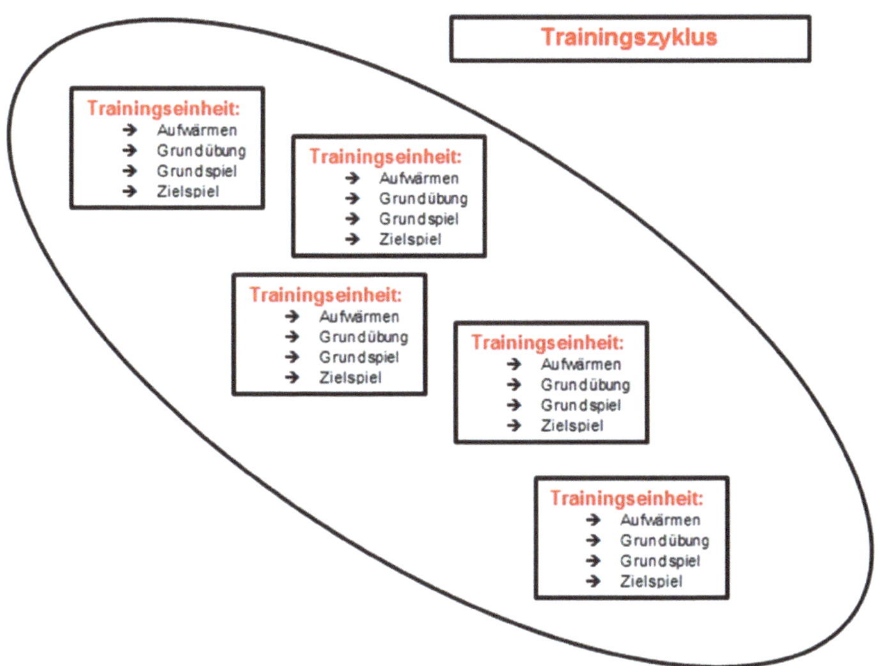

Trainingseinheiten strukturiert aufbauen
Sowohl bei der Jahresplanung als auch bei der Planung der einzelnen Trainingseinheiten sollte eine klare Struktur erkennbar sein:

- Mit Blöcken arbeiten (siehe Monatsplanung): es sollte (gerade im Jugendbereich) über einen Zeitraum am gleichen Thema gearbeitet werden. So können sich Übungen wiederholen und Abläufe einprägen.
- Jedes Training sollte einen klaren Trainingsschwerpunkt haben. Die Themen sollten innerhalb einer Trainingseinheit nicht gemischt werden, sondern es sollten alle Übungen einem klaren Ziel folgen.
- Die Korrekturen im Training orientieren sich am Schwerpunkt (bei Abwehrtraining wird die Abwehr korrigiert und gelobt).

2. Aufbau von Trainingseinheiten

Speziell Trainingseinheiten im Ausdauer- oder Athletikbereich folgen häufig nicht dem Standardaufbau eines Handballtrainings mit Grundübungen, Grundspiel und Zielspiel.
Dennoch gibt es auch einige Regeln, die bei einem solchen Training im Aufbau zu beachten sind.

Aufwärmen/ Mobilisieren:
Vor einem Athletiktraining muss auf ein gezieltes Aufwärmen geachtet werden. Die Athletikübungen dürfen nur ausgeführt werden, wenn der Muskel- und Gelenkapparat ausreichend vorgewärmt wurde.

In der Erwärmung integriert können, je nach Trainingsanforderung, eine Ballgewöhnung, ein Torhüter einwerfen oder auch kleine Spiele enthalten sein.

Der Hauptteil kann in einem Parcours oder in aufeinanderfolgenden Athletikübungen gestaltet sein. Durch kleine Wettkämpfe kann hier die Motivation gesteigert werden.

Zum Ende des Trainings sollte ein Cooldown mit eventuell einem Abschlussspiel und auch einer Phase zum Stretching und Auslaufen angeschlossen werden.

3. Die Rollen/Aufgaben des Trainers

Ein erfolgreiches Training hängt stark von der Person und dem Verhalten des Trainers ab. Es ist deshalb wichtig, im Training bestimmte Verhaltensregeln zu beachten, um den Erfolg des Trainings zu ermöglichen. Das soziale Verhalten des Trainers bestimmt den Erfolg in einem ebenso großen Maße wie die reine Fachkompetenz. Gerade im Jugendbereich ist der Trainer auch ein Vorbild und kann durch sein Verhalten auch die Entwicklung der Jugendlichen prägen.

Der Trainer sollte:

- der Mannschaft zu Beginn des Trainings eine kurze Trainingsbeschreibung und die Ziele bekannt geben.
- immer laut und deutlich reden.
- den Ort der Ansprache so wählen, dass alle Spieler die Anweisungen und Korrekturen hören können.
- Fehler erkennen und korrigieren. Beim Korrigieren Hilfestellung geben.
- den Schwerpunkt der Korrekturen auf das Trainingsziel legen.
- individuelle Fortschritte hervorheben und loben (dem Spieler ein positives Gefühl vermitteln).
- fördern und permanent fordern.
- im Training, bei Spielen, aber auch außerhalb der Sporthalle immer als Vorbild auftreten.
- gut vorbereitet und pünktlich zu Training und Spielen erscheinen.

Vor allem im Jugendbereich:

- Sich auf unterschiedliche körperliche Voraussetzungen einstellen. Dies ist besonders wichtig beim Athletiktraining. Hier sollte der Schwierigkeitsgrad an die Leistungsfähigkeit der Spieler angepasst werden. Bei heterogenen Gruppen muss eventuell eine leichtere Variante für körperlich schwächere Spieler angeboten werden.
- Die Spieler motivieren, „am Ball" zu bleiben, auch wenn nicht alles auf Anhieb klappt.

handball-uebungen.de
Trainingseinheiten und Übungen für Ihr Training!

4. Trainingseinheiten

Nr.: 1	Wurfserien mit reflexivem Sprungkrafttraining (TE 273)			★★★★	90
Startblock		**Hauptblock**			
X	Einlaufen/Dehnen	X	Angriff / Individuell		Sprungkraft
	Laufübung		Angriff / Kleingruppe	X	Sprintwettkampf
	Kleines Spiel		Angriff / Team		Torhüter
	Koordination		Angriff / Wurfserie		
X	Laufkoordination		Abwehr / Individuell	**Schlussblock**	
	Kräftigung		Abwehr / Kleingruppe	X	Abschlussspiel
X	Ballgewöhnung		Abwehr / Team		Abschlusssprint
X	Torhüter einwerfen		Athletiktraining		
			Ausdauertraining		

★: Einfache Anforderung (alle Jugend-Aktivenmannschaften)	★★: Mittlere Anforderung (geeignet ab C-Jugend bis Aktive)	★★★: Höhere Anforderung (geeignet ab B-Jugend bis Aktive)	★★★★: Intensive Anforderung (geeignet für Leistungsbereiche)

Legende:

- Hütchen
- Angreifer
- Abwehrspieler
- dünne Turnmatte
- großer Turnkasten
- Turnbank
- Ballkiste
- Luftballon
- Hürde

Benötigt:

➔ 4 Hürden, 2 Turnbänke, 2 dünne Turnmatten, 10 Hütchen, 2 Turnkastenoberteile, 1 Luftballon

Beschreibung:

Der Schwerpunkt dieser Trainingseinheit liegt im Training der Sprungkraft durch handballspezifisches Wurftraining. Nach der Erwärmung, einer Übung zur Laufkoordination und einem Sprintwettkampf folgen in der Ballgewöhnung Sprünge und Zusatzaufgaben mit Ball. Nach dem Torhüter einwerfen werden in zwei individuellen Wurfübungen die Reaktion und die Sprungkraft trainiert. Ein Abschlussspiel rundet diese Trainingseinheit ab.

Insgesamt besteht die Trainingseinheit aus den folgenden Schwerpunkten:

- Einlaufen/Dehnen (Einzelübung: 10 Minuten/Trainingsgesamtzeit: 10 Minuten)
- Laufkoordination (10/20)
- Sprintwettkampf (10/30)
- Ballgewöhnung (15/45)
- Torhüter einwerfen (10/55)
- Angriff/Individuell (10/65)
- Angriff/Individuell (15/80)
- Abschlussspiel (10/90)

Gesamtzeit der Einheit: 90 Minuten

handball-uebungen.de
Trainingseinheiten und Übungen für Ihr Training!

Nr.: 1-1	Einlaufen/Dehnen	10	10

Ablauf:

- Alle Spieler laufen selbständig mit Ball kreuz und quer durch die Halle. „Treffen“ sich zwei Spieler, führen sie Folgendes aus:
    - Mit einer Hand abklatschen
    - Jeweils mit dem Fuß kurz berühren
    - Hochspringen und oben mit einer Hand abklatschen
    - Hochspringen und mit der Brust zusammengehen
    - Bälle tauschen
- Auf Pfiff des Trainers tauschen jeweils zwei Spieler die Bälle und laufen danach weiter durch die Halle.
- Bei zwei Pfiffen müssen die Spieler den Ball an die Wand passen, wieder fangen und danach weiter durch die Halle laufen.

Gemeinsames selbständiges Dehnen.

Nr.: 1-2	Laufkoordination	10	20

Aufbau:

- Vier Hürden (die erste und dritte Hürde maximal hoch und die zweite und vierte Hürde niedrig einstellen), 10 Hütchen und die beiden Turnbänke (zwei oder drei, damit es keinen Stau gibt) wie abgebildet aufbauen.

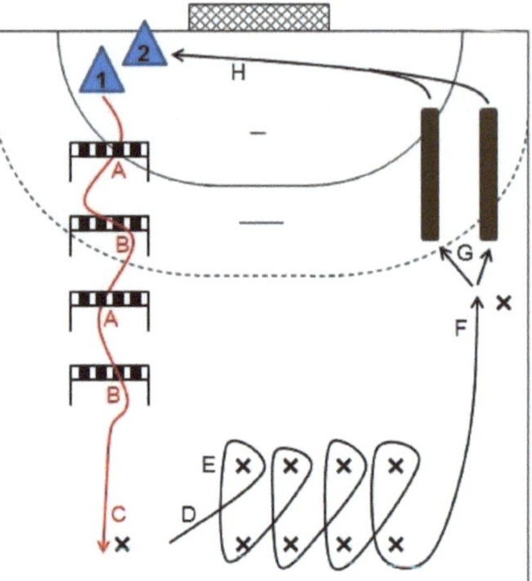

Ablauf:

- 1 startet, krabbelt unter der ersten Hürde durch (A), steht sofort auf und überspringt beidbeinig die zweite Hürde (B).
- Bei der dritten (A) und vierten Hürde (B) wiederholt sich der Ablauf.
- Nach dem Sprung über die vierte Hürde läuft 1 in gesteigertem Tempo bis zum hinteren Hütchen (C).
- Danach durchläuft 1 die Hütchen wie abgebildet im Slalom (geradeaus nach vorne (D), in der Seitwärtsbewegung nach rechts (E)) und läuft am Ende in gesteigertem Tempo bis zum letzten Hütchen (F).
- 1 sucht sich eine der Turnbänke aus, legt sich auf den Bauch und zieht sich nur unter Einsatz der Arme über die Bank (Füße anheben) (G).
- Am Ende stellt sich 1 für die nächste Runde wieder an (H).
- Jeder Spieler absolviert den Ablauf dreimal, danach kurze Pause.
- In der zweiten Runde werden alle Abläufe mit 100%iger Dynamik und Geschwindigkeit wiederholt (ebenfalls dreimal).

Nr.: 1-3	Sprintwettkampf	10	30

Aufbau:

- Drei Hütchentore in der Mitte wie abgebildet (das mittlere etwas nach hinten versetzt) aufstellen.
- Zwei Mannschaften bilden, die sich diagonal in den Ecken aufstellen.

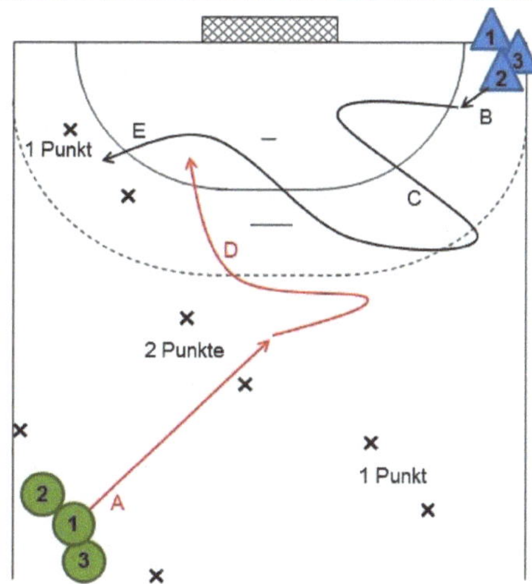

Ablauf:

- Die verteidigende Mannschaft entscheidet gemeinsam, welcher Spieler beginnt (1).
- 1 geht nach vorne und wartet dort auf den Start (A).
- Die angreifende Mannschaft kann jetzt entscheiden, welcher Spieler (2) gegen 1 läuft (B).
- 2 versucht, durch eines der Hütchentore zu laufen (C und E), ohne vorher von 1 berührt zu werden (D).
- Gelingt dies, bekommen die Angreifer für die beiden äußeren Hütchentore einen Punkt bzw. für das mittlere Hütchentor zwei Punkte.
- Sobald alle angreifenden Spieler einmal gelaufen sind (jeder Angreifer und jeder Verteidiger läuft einmal), tauschen die beiden Mannschaften die Aufgaben.
- Welche Mannschaft erzielt mehr Punkte?

⚠ Beide Mannschaften sollen sich absprechen und das jeweils aus ihrer Sicht „optimale“ Pärchen bilden.

Nr.: 1-4	Ballgewöhnung	15	45

Aufbau:

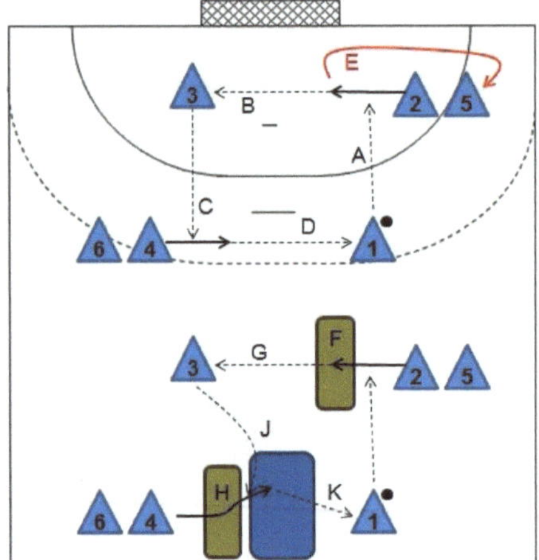

- 1 und 3 dienen zu Beginn als Anspielstationen.
- Für die Sprungwurferweiterung das Oberteil eines Turnkastens auf den Boden stellen.
- Für die Kempa-Erweiterung eine dünne Turnmatte zum Landen auslegen.

Ablauf:

- 2 läuft an und bekommt von 1 den Ball in die Laufbewegung gespielt (A).
- 2 passt aus der Laufbewegung heraus zu 3 (B).
- 3 passt den Ball dem anlaufenden 4 in die Bewegung (C).
- 4 passt aus der Bewegung heraus zu 1 (D) usw.
- Nach ihren Pässen lassen sich 2 und 4 sofort zurückfallen und stellen sich wieder an (E).
- Nach ein paar Durchgängen werden 1 und 3 getauscht.

⚠ 2 soll den Ball ohne Prellen direkt weiterspielen (B).

Sprungwurferweiterung:

- Der Passweg wiederholt sich wie oben beschrieben (A bis E).
- 2 tritt nach dem Fangen des Balls (A), mit seinem Sprungbein auf das Kastenoberteil (F), springt sofort dynamisch nach oben ab und passt 3 den Ball im Sprungwurf zu (G).

Kempa-Erweiterung:

- Der Passweg wiederholt sich wie zu Beginn beschrieben (A bis E).
- 4 läuft an und springt mit dem Sprungbein auf dem Kastenoberteil ab (H), bekommt von 3 den Ball in den Sprung gespielt (J) und passt im Sprung den Ball direkt weiter zu 1 (K).

⚠ Zu Beginn der Übung können die Spieler den Ball in der Luft beidhändig fangen und beidhändig weiterspielen.

Nr.: 1-5	Torhüter einwerfen	10	55

Ablauf für die Feldspieler:

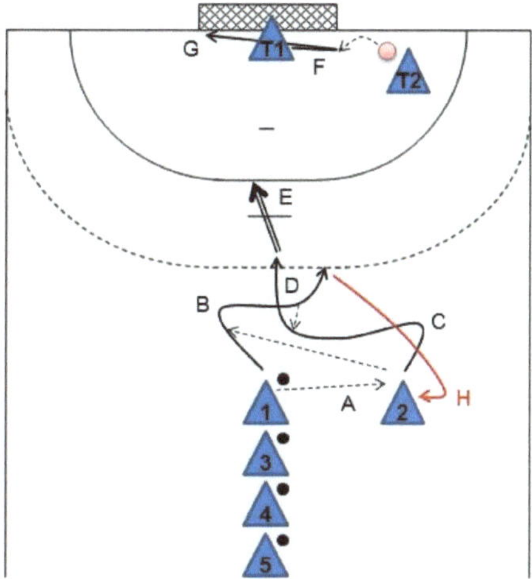

- 1 spielt den Ball zu 2 (A) und macht eine deutliche Laufbewegung nach links.
- 2 spielt 1 den Ball so in den Lauf, dass 1 den Ball in der Täuschbewegung nach links fängt und dann nach rechts in die Kreuzbewegung läuft (B).
- 2 macht nach seinem Auftaktpass eine Lauftäuschung nach rechts (C), nimmt die Kreuzbewegung von 1 an, bekommt den Ball gespielt (D) und wirft nach Vorgabe (hoch oder tief) aus dem Sprungwurf heraus auf das Tor (hier im Beispiel nach links) (E).
- Nach der Kreuzbewegung lässt sich 1 sofort rückwärts zurückfallen (H), nimmt die nächste Kreuzbewegung von 3 an und der Ablauf wiederholt sich.

Ablauf für den Torhüter:

- T2 wirft einen Luftballon neben das Tor, den T1 vor dem Berühren des Bodens wieder zurückschlagen soll (F).
- Vom Timing her soll es so ablaufen, dass T1 nach dem Zurückschlagen des Luftballons wieder in die Mitte des Tores zurückgeht, danach der Wurf von 1 erfolgt und T1 den Ball dann auch erreichen und halten kann (G).

⚠ T2 muss den Luftballon so werfen, dass er für T1 erreichbar ist und dass der Wurfablauf für die Werfer nicht unterbrochen wird.

⚠ Der Ablauf muss so gesteuert werden, dass für T1 ein kontinuierlicher Ablauf (Wechsel zwischen dem Erreichen des Luftballons und dem Halten des Wurfs) entsteht.

Nr.: 1-6	Angriff / individuell	10	65

Aufbau:

- Zwei Turnkastenoberteile wie abgebildet aufstellen.

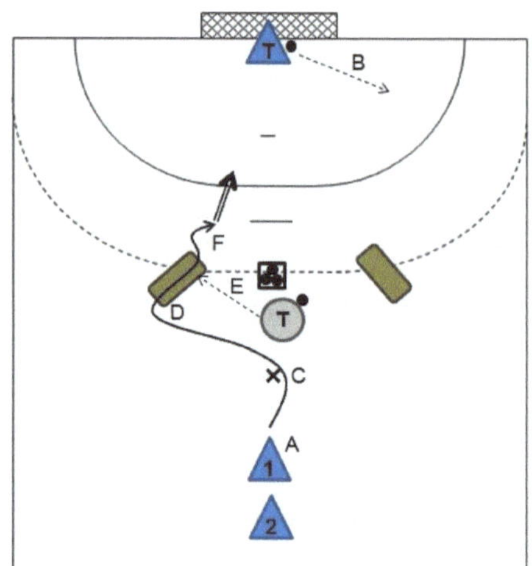

Ablauf:

- 1 startet und macht auf der Stelle schnelle Hampelmann-bewegungen (A).
- T rollt, während 1 die Hampelmannbewegungen macht, irgendwann (nach 2 bis 5 Sekunden) den Ball zur Seite (B).
- Das ist für 1 das Startsignal. Abhängig davon, auf welche Seite T den Ball rollt, umläuft 1 das erste Hütchen:
    - Rollt T den Ball nach rechts (wie abgebildet), umläuft 1 das erste Hütchen von rechts (C).
    - Rollt T den Ball nach links, umläuft 1 das erste Hütchen von links.
- 1 läuft über das Turnkastenoberteil (D) und bekommt dort den Ball gespielt (E).
- Am Ende des Turnkastenoberteils angekommen, springt 1 ab, landet auf seinem Sprungbein, drückt sich danach sofort wieder nach oben in den Sprungwurf ab und wirft auf das Tor (F).
- T bekommt einen neuen Ball und der Ablauf wiederholt sich mit 2 usw.

⚠ Beim Abspringen in den Sprungwurf (F) darauf achten, dass 1 nur eine ganz kurze Kontaktzeit mit dem Boden hat, bevor er in den Sprungwurf geht.

Nr.: 1-7	Angriff / individuell	15	80

Aufbau:

- Eine dünne Turnmatte ca. 4-5 Meter vor der 9-Meterlinie auslegen.
- Zwei Hütchen wie abgebildet aufstellen.

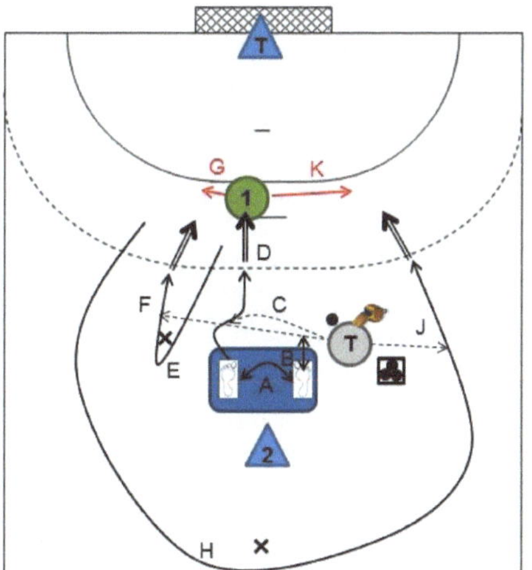

Ablauf:

- Der erste Spieler (1 - nicht im Bild eingezeichnet) startet den Ablauf auf der dünnen Turnmatte auf dem linken Bein stehend. Er springt einbeinig nach rechts, dann nach dem Landen sofort dynamisch gerade nach oben, nach dem zweiten Landen springt 1 sofort wieder zurück nach links und dort ebenfalls sofort dynamisch nach oben (A und B).
- Diesen Ablauf wiederholt 1 so lange, bis T pfeift.
- 1 springt jetzt mit dem Fuß, auf dem er gerade steht, dynamisch nach vorne oben und bekommt von T einen Ball in den Sprung gepasst (C). 1 fängt den Ball in der Luft und landet beidbeinig.
- Nach dem Landen macht 1 drei Schritte Richtung Tor (ohne Prellen) und wirft von 9 Metern aus dem Sprungwurf heraus über den passiv stehenden 1 auf das Tor (D).
- Nach der ersten Aktion geht 1 sofort in die Gegenbewegung, umläuft das Hütchen (E), bekommt von T den Ball in den Lauf gespielt und wirft über den passiv stehenden 1 (F).
- 1 geht nach dem ersten Wurf sofort in die Position für den zweiten Wurf (G).
- Nach dem zweiten Wurf geht 1 sofort wieder in die Gegenbewegung, umläuft das hintere Hütchen (H), bekommt von T den Ball in den Lauf gespielt und wirft über den passiv stehenden 1 (J).
- 1 geht nach dem zweiten Wurf sofort in die Position für den dritten Wurf (K).
- Danach ist 2 an der Reihe und 1 wird zum neuen Abwehrspieler.

⚠ Die Sprünge auf der Matte sollen hoch und dynamisch erfolgen.

handball-uebungen.de
Trainingseinheiten und Übungen für Ihr Training!

Nr.: 1-8	Abschlussspiel	10	90

Aufbau:

- Zwei Mannschaften bilden, die im 6gegen6 gegeneinander spielen.
- Beide Mannschaften spielen defensiv 6:0.

Ablauf:

- Die Mannschaften sollen durch einfache Kreuzbewegungen und anschließende Würfe von 9 Metern zum Torerfolg kommen. Für ein daraus erzieltes Tor bekommt die angreifende Mannschaft einen Zusatzangriff ab der Mittellinie.
- Welche Mannschaft erzielt mehr Punkte? Für die Verlierermannschaft vorher eine Aufgabe definieren (z. B. beim nächsten Spiel die Taschen der Gewinnermannschaft tragen).

Notizen:

handball-uebungen.de
Trainingseinheiten und Übungen für Ihr Training!

Nr.: 2	Intensives Schnellkraft-/Schnellkraftausdauertraining mit verschiedenen Laufrichtungen (TE 279)	★★★★	90

	Startblock		Hauptblock		
X	Einlaufen/Dehnen		Angriff / Individuell		Sprungkraft
	Laufübung		Angriff / Kleingruppe		Sprintwettkampf
X	Kleines Spiel		Angriff / Team		Torhüter
	Koordination		Angriff / Wurfserie		
	Laufkoordination		Abwehr / Individuell		**Schlussblock**
	Kräftigung		Abwehr / Kleingruppe		Abschlussspiel
	Ballgewöhnung		Abwehr / Team		Abschlusssprint
	Torhüter einwerfen	X	Athletiktraining		
			Ausdauertraining		

★: Einfache Anforderung (alle Jugend-Aktivenmannschaften)	★★: Mittlere Anforderung (geeignet ab C-Jugend bis Aktive)	★★★: Höhere Anforderung (geeignet ab B-Jugend bis Aktive)	★★★★: Intensive Anforderung (geeignet für Leistungsbereiche)

Legende:

Hütchen

Angreifer

kleine Turnkiste

Koordinationsleiter

Turnreifen

Hürde

Turnbank

Teppichvlies

Benötigt:

➔ 1 Koordinationsleiter, 6 Turnreifen, 2 Hürden, 2 kleine Turnkisten, 4 Turnbänke, 10 Hütchen, Je zwei Spieler 1 Teppichfliese und 1 Deuserband, 1 Fußball

Beschreibung:

Der Schwerpunkt dieser Athletikeinheit liegt im Training der Schnellkraftausdauer. Nach der Erwärmung und einem kleinen Spiel folgen fünf Athletikübungen, die die unterschiedlichen Muskelgruppen in den Oberschenkeln durch Vorwärts-, Rückwärts- und Seitwärtsbewegungen trainieren. Diese Trainingseinheit ist sehr intensiv und lässt sich sehr gut in die Vorbereitungszeiträume bzw. spielfreien Zeiten einbauen.

Insgesamt besteht die Trainingseinheit aus den folgenden Schwerpunkten:

- Einlaufen/Dehnen (Einzelübung: 10 Minuten/Trainingsgesamtzeit: 10 Minuten)
- kleines Spiel (10/20)
- Athletiktraining (15/35)
- Athletiktraining (15/50)
- Athletiktraining (15/65)
- Athletiktraining (15/80)
- Athletiktraining (10/90)

Gesamtzeit der Einheit: 90 Minuten

⚠ Teppichfliesen kann man am besten in Teppichgeschäften erhalten, oft sind Teppichreste übrig, die man sich zurechtschneiden kann.

Nr.: 2-1	Einlaufen/Dehnen	10	10

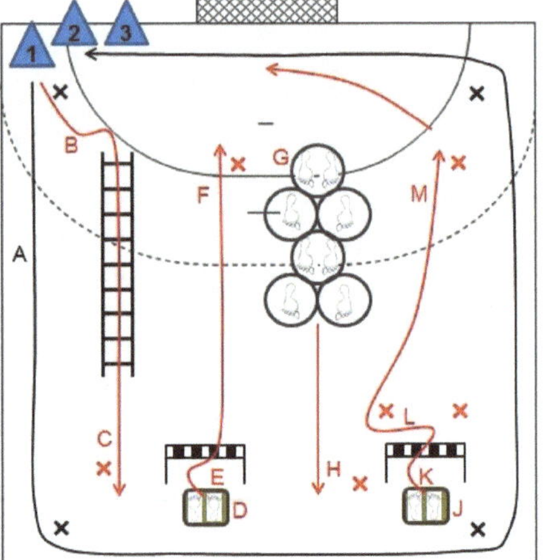

Aufbau:

- Hütchen (schwarz) für die Außenrunde aufbauen.
- Innenparcours wie abgebildet aufbauen.

Ablauf:

- 1 startet mit dem Ablauf und läuft in lockerem Tempo außen um die Hütchen herum (A).
- Etwas zeitversetzt starten die anderen Spieler und laufen mit einigem Abstand ebenfalls die Runde.
- Nach einer Runde biegt 1 in die Innenrunde ein (B), durchläuft die Koordinationsleiter mit schnellem Doppelkontakt je Zwischenraum (links und rechts) und steigert nach der Koordinationsleiter die Geschwindigkeit bis zum Hütchen (C).
- 1 stellt sich auf die kleine Turnkiste (D), springt herunter (E) und sofort weiter über die Hürde. Nach der Hürde steigert 1 das Tempo und läuft weiter bis zum Hütchen (F).
- 1 durchspringt die Turnreifen wie abgebildet (beidbeinig in die einzelnen Reifen springen, dann weiterspringen und mit je einem Fuß links und rechts in den zwei parallelen Reifen landen usw.) (G). Am Ende der Turnreifen weiterlaufen und die Geschwindigkeit bis zum Hütchen leicht steigern (H).
- 1 stellt sich auf die kleine Turnkiste (J), springt herunter (K) und sofort weiter über die Hürde. Nach dem Landen läuft 1 sofort seitlich um das linke Hütchen herum (in der nächsten Runde läuft 1 dann um das rechte Hütchen usw.) (L) und läuft dann mit steigendem Tempo weiter bis zum Hütchen (M).
- Danach läuft 1 wieder die Außenrunde (A).

Gesamtablauf:

- Jeder Spieler absolviert den Ablauf jeweils viermal.
- Die ersten beiden Runden in lockerem Tempo, die Hürden tief einstellen.
- In den zwei weiteren Runden dann das Tempo steigern und die Hürden etwas höher einstellen.

Nr.: 2-2	kleines Spiel	10	20

Aufbau:

- Vier Langbänke wie abgebildet aufstellen, sodass die Sitzfläche in die Halle zeigt (um 90° gedreht).
- Zwei Mannschaften bilden.
- Es wird immer im 2gegen2 Fußball gegeneinander gespielt.
- Die Mannschaften sollen eine Reihenfolge festlegen, in der die Spieler das Spielfeld betreten.

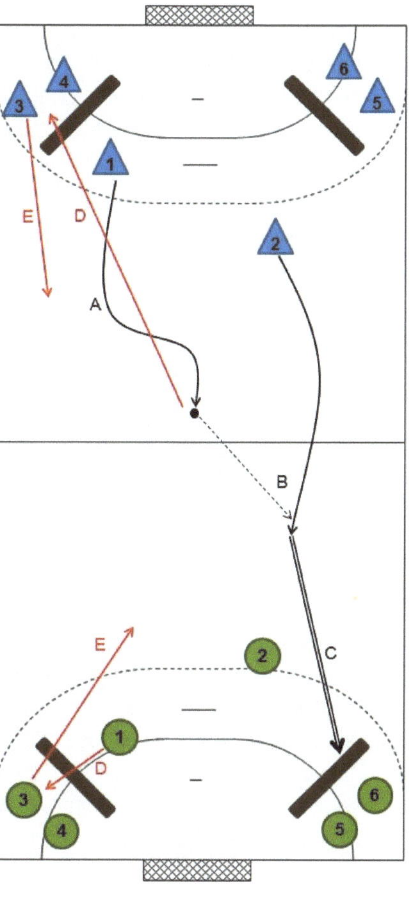

Ablauf:

- 1 und 2 spielen gegen 1 und 2 und versuchen, ein Tor zu erzielen, indem sie den Ball an die auf der Seite liegende Bank kicken (A, B und C).
- Gelingt ein Tor, müssen alle vier Spieler 1, 2, 1 und 2 sofort das Spielfeld bei ihrer Bank verlassen (D) (abklatschen) und dürfen auf dem Weg dorthin nicht mehr ins Spielgeschehen eingreifen. Je ein neuer Spieler pro Bank darf dann das Spielfeld betreten (E).
- Jetzt spielen 3 und 5 gegen 3 und 5 bis zum nächsten Tor, danach verlassen sie ebenfalls bei ihrer Bank das Spielfeld usw.
- Die Spieler, die außerhalb auf ihren Einsatz warten, machen bei jeder „Wartepause" Liegestützen und Sit-Ups im Wechsel.

⚠ Bei größeren Gruppen je Bank mit zwei Spielern pro Bank im Feld (4gegen4) spielen.

handball-uebungen.de
Trainingseinheiten und Übungen für Ihr Training!

Nr.: 2-3	Athletiktraining	15	35

Aufbau:

- Eine Startlinie definieren und ein Hütchen in ca. 20 Metern Abstand aufstellen.
- Jeweils zwei Spieler gehen mit einem Deuserband und einer Teppichfliese zusammen.
- 1 legt sich das Deuserband um die Hüfte, der zweite Spieler stellt sich dahinter auf die Teppichfliese und greift mit beiden Händen das Deuserband.

Ablauf:

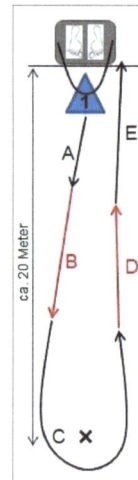

- Auf Kommando starten alle vorderen Spieler und ziehen vorsichtig an (A).
- Nach ein paar Metern die Geschwindigkeit bis in den Sprint steigern (B) und die Geschwindigkeit ca. 10 Meter halten.
- Vor dem Hütchen müssen die Spieler die Geschwindigkeit deutlich reduzieren und im Bogen um das Hütchen laufen (C).
- Sobald der hintere Spieler ebenfalls um das Hütchen gezogen wurde und sich wieder in einer geraden Linie hinter 1 befindet, beschleunigt der vordere Spieler wieder bis in den Sprint (D) und hält die Geschwindigkeit ca. 10 Meter.
- Die Geschwindigkeit wieder reduzieren und über die Ziellinie auslaufen (E).
- Danach wechseln die Spieler die Aufgaben und der Ablauf wiederholt sich.
- Nachdem beide Spieler einmal gelaufen sind, machen sie zur Lockerung 10 langsame und 10 schnelle Hampelmannbewegungen auf der Stelle.

Gesamtablauf:

- Jeder Spieler absolviert den Ablauf (Ziehen, Gezogenwerden, Hampelmannbewegungen) im Wechsel insgesamt viermal.
- Danach stellen sich die Spieler auf die Grundlinie und machen einen Steigerungslauf auf die andere Spielfeldseite, wobei sie auf Höhe der Mittellinie die Maximalgeschwindigkeit erreicht haben müssen.
- Es folgt ein zweiter Steigerungslauf zurück zur Startlinie.

handball-uebungen.de
Trainingseinheiten und Übungen für Ihr Training!

Ablauf nach der Übung:

- Alle Spieler laufen im lockeren Tempo 4-5 Minuten von Torauslinie zu Torauslinie.

⚠ Zu Beginn und nach den Kurven erst langsam anziehen und dann die Geschwindigkeit langsam erhöhen, sonst kann sich der hintere Spieler nicht auf der Teppichfliese halten.

⚠ Der hintere Spieler kann entweder in die Hocke oder leicht in die Knie gehen (Bild 1).

⚠ Der hintere Spieler muss seinen Körper deutlich anspannen, um bei der Zugbewegung von (1) nicht von der Teppichfliese herunterzufallen.

(Bild 1)

handball-uebungen.de
Trainingseinheiten und Übungen für Ihr Training!

Nr.: 2-4	Athletiktraining	15	50

Aufbau:

- Eine Startlinie definieren und ein Hütchen in ca. 20 Metern Abstand aufstellen.
- Jeweils zwei Spieler gehen mit einem Deuserband und einer Teppichfliese zusammen.
- Beide Spieler stellen sich mit dem Gesicht zueinander gegenüber auf. 1 legt sich das Deuserband um die Hüfte, der zweite Spieler stellt sich auf die Teppichfliese und greift mit beiden Händen das Deuserband.

Ablauf:

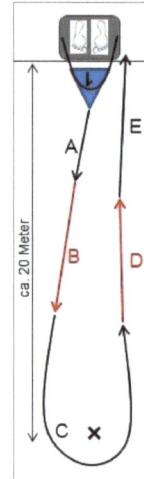

- Auf Kommando starten alle vorderen Spieler und ziehen vorsichtig rückwärtslaufend an (A).
- Nach ein paar Metern die Geschwindigkeit bis in den Sprint steigern (B) und die Geschwindigkeit ca. 10 Meter halten.
- Vor dem Hütchen müssen die Spieler die Geschwindigkeit deutlich reduzieren und im Bogen um das Hütchen laufen (C).
- Sobald der hintere Spieler ebenfalls um das Hütchen gezogen wurde und sich wieder in einer geraden Linie hinter 1 befindet, beschleunigt der vordere Spieler wieder bis in den Sprint (D) und hält die Geschwindigkeit ca. 10 Meter.
- Die Geschwindigkeit wieder reduzieren und über die Ziellinie auslaufen (E).
- Danach wechseln die Spieler die Aufgaben und der Ablauf wiederholt sich.
- Nachdem beide Spieler einmal gelaufen sind, machen sie zur Lockerung 10 langsame und 10 schnelle Hampelmannbewegungen auf der Stelle.

Gesamtablauf:

- Jeder Spieler absolviert den Ablauf (Ziehen, Gezogenwerden, Hampelmannbewegungen) im Wechsel insgesamt viermal.
- Danach stellen sich die Spieler auf die Grundlinie sprinten auf Kommando vorwärts zum zweiten Hütchen (F), rückwärts zurück zum ersten Hütchen (G), wieder vorwärts zum dritten Hütchen (H), usw. bis zum fünften Hütchen (J).

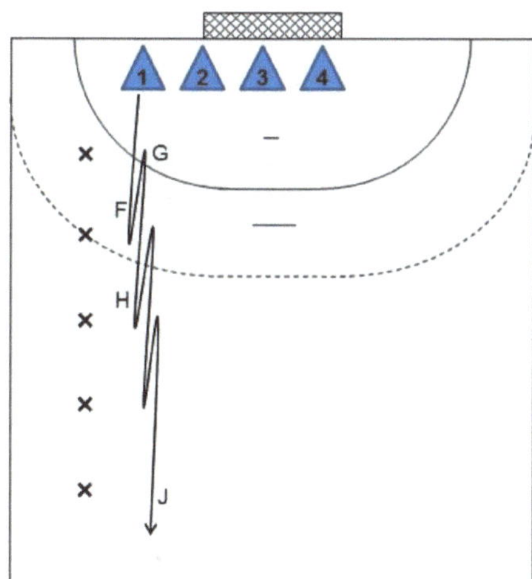

Ablauf nach der Übung:

- Alle Spieler laufen im lockeren Tempo 4-5 Minuten von Torauslinie zu Torauslinie.

⚠ Die rückwärtslaufenden Spieler sollen mit kleinen „Trippelschritten“ beginnen. Sobald sie etwas Geschwindigkeit aufgenommen haben, die Schrittlänge vergrößern.

⚠ Die rückwärtslaufenden Spieler müssen aufpassen, dass sie beim Laufen nicht auf die Teppichfliese treten.

handball-uebungen.de
Trainingseinheiten und Übungen für Ihr Training!

Nr.: 2-5	Athletiktraining	15	65

Aufbau:

- Eine Startlinie definieren und ein Hütchen in ca. 15 Metern Abstand aufstellen.
- Jeweils zwei Spieler gehen mit einem Deuserband und einer Teppichfliese zusammen.
- stellt sich seitwärts zum hinteren Spieler, der auf der Teppichfliese steht, und legt sich das Deuserband um die Hüfte, der hintere Spieler greift mit beiden Händen das Deuserband.

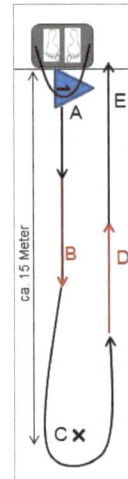

Ablauf:

- Auf Kommando starten alle vorderen Spieler und ziehen vorsichtig seitwärtslaufend an (A).
- Nach ein paar Metern die Geschwindigkeit deutlich steigern (B) und die Geschwindigkeit ca. 5-6 Meter halten.
- Vor dem Hütchen müssen die Spieler die Geschwindigkeit deutlich reduzieren und im Bogen um das Hütchen laufen (C).
- Sobald der hintere Spieler ebenfalls um das Hütchen gezogen wurde und sich wieder in einer geraden Linie hinter befindet, dreht sich der vordere Spieler um 180° und beschleunigt wieder deutlich (D), bevor er über die Ziellinie ausläuft (E).
- Danach wechseln die Spieler die Aufgaben und der Ablauf wiederholt sich.
- Nachdem beide Spieler einmal gelaufen sind, machen sie zur Lockerung 10 langsame und 10 schnelle Hampelmannbewegungen auf der Stelle.

Gesamtablauf:

- Jeder Spieler absolviert den Ablauf (Ziehen, Gezogenwerden, Hampelmannbewegungen) im Wechsel insgesamt viermal.
- Danach sprinten die Spieler zum ersten Hütchen (F), drehen sich und umlaufen in schnellen Sidesteps die weiteren Hütchen (G); am Ende erfolgt ein Sprint vorwärts zum letzten Hütchen (H).

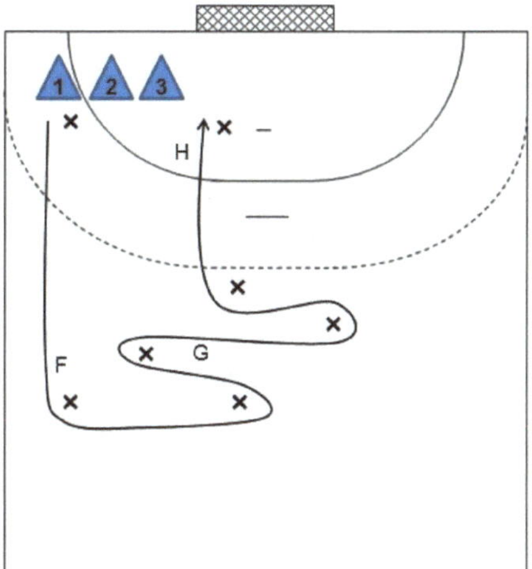

 Der Seitwärtslauf ist sehr intensiv.

Ablauf nach der Übung:

- Alle Spieler laufen im lockeren Tempo 4-5 Minuten von Torauslinie zu Torauslinie.

Nr.: 2-6	Athletiktraining	10	75

Aufbau:

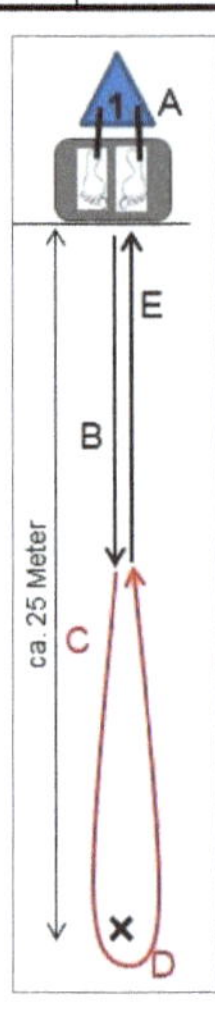

- Eine Startlinie definieren und ein Hütchen in ca. 25 Metern Abstand aufstellen.
- Jeweils zwei Spieler gehen mit einer Teppichfliese zusammen.
- 1 stellt sich hinter den auf der Teppichfliese stehenden Spieler. Beide stehen mit Blickrichtung in die Hallenmitte (A).

Ablauf:

- Auf Kommando starten alle hinteren Spieler und schieben die auf der Teppichfliese stehenden Spieler nach vorn (B).
- Etwa in der Mitte treten die hinteren Spieler seitlich heraus, und sprinten Richtung Mittellinie (C).
- Die Spieler umlaufen das Hütchen zügig und sprinten noch einmal kurz an (D).
- In der Zwischenzeit haben sich die Spieler auf der Teppichfliese um 180° gedreht und werden abschließend vom schiebenden Spieler wieder über die Ziellinie geschoben (E).

Ablauf nach der Übung:

- Alle Spieler laufen im lockeren Tempo 4-5 Minuten von Torauslinie zu Torauslinie.

Die auf der Teppichfliese stehenden Spieler müssen deutlich Körperspannung aufbauen, damit sie geschoben werden können.

Nr.: 2-7	Athletiktraining	15	90

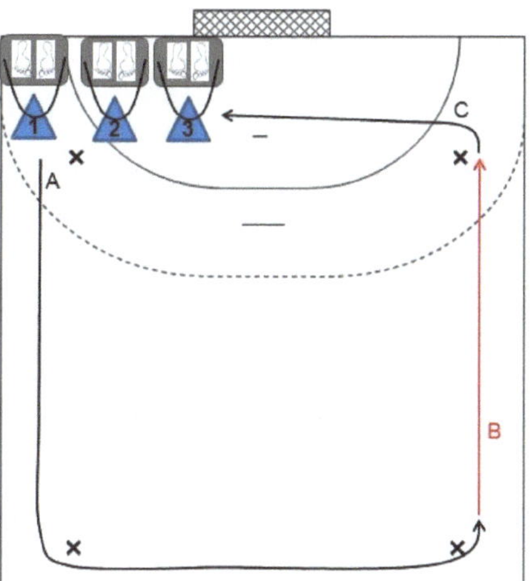

Aufbau:

- Vier Hütchen wie abgebildet aufstellen.
- Jeweils zwei Spieler gehen mit einem Deuserband und einer Teppichfliese zusammen.
- 1 legt sich das Deuserband um die Hüfte, der zweite Spieler stellt sich dahinter auf die Teppichfliese und greift mit beiden Händen das Deuserband.

Ablauf:

- Jedes Pärchen startet selbständig den Ablauf.
- 1 startet, zieht vorsichtig an, läuft in leichtem Trab um die Hütchen und zieht dabei den auf der Teppichfliese stehenden Spieler hinter sich her (A).
- Nach dem dritten Hütchen sprintet 1 bis zum vierten Hütchen (B), nimmt danach die Geschwindigkeit wieder heraus und läuft im leichten Trab weiter (C).
- 1 wiederholt den Ablauf ohne Pause insgesamt viermal und sprintet dabei immer zwischen dem dritten und vierten Hütchen.
- Nach den vier Runden tauschen die beiden Spieler die Position und der Ablauf wiederholt sich.

Die ziehenden Spieler sollen so lange wie möglich versuchen, im leichten Trab zu laufen (A und C).

Ablauf nach der Übung:

- Alle Spieler laufen im lockeren Tempo 1-2 Minuten von Torauslinie zu Torauslinie und dehnen sich dann gemeinsam.

Notizen:

handball-uebungen.de
Trainingseinheiten und Übungen für Ihr Training!

Nr.: 3	Handballspezifisches Ausdauertraining mit Konterbewegungen (TE 285)	★★★★	90

	Startblock		Hauptblock		
X	Einlaufen/Dehnen	X	Angriff / Individuell		Sprungkraft
	Laufübung		Angriff / Kleingruppe		Sprintwettkampf
	Kleines Spiel		Angriff / Team		Torhüter
	Koordination		Angriff / Wurfserie		
X	Laufkoordination		Abwehr / Individuell		**Schlussblock**
	Kräftigung		Abwehr / Kleingruppe		Abschlussspiel
X	Ballgewöhnung		Abwehr / Team		Abschlusssprint
X	Torhüter einwerfen		Athletiktraining	X	Teamübung
		X	Ausdauertraining		

★: Einfache Anforderung (alle Jugend-Aktivenmannschaften)	★★: Mittlere Anforderung (geeignet ab C-Jugend bis Aktive)	★★★: Höhere Anforderung (geeignet ab B-Jugend bis Aktive)	★★★★: Intensive Anforderung (geeignet für Leistungsbereiche)

Legende:

- ✖ Hütchen (zwei Farben)
- Angreifer
- Abwehrspieler
- Ballkiste
- Koordinationsleiter
- Pommes (Schaumstoffbalken)
- Hürde
- Turnreifen
- Medizinball

Benötigt:

➔ 5 Pommes, 7 rote Hütchen, 11 schwarze Hütchen, 4 Hürden, 6 Turnreifen, 1 Koordinationsleiter, 2 Medizinbälle, 2 Ballkisten mit ausreichend Bällen, 1 Pfeife

Beschreibung:

Das Ziel dieser Trainingseinheit liegt im handballspezifischen Ausdauertraining, mit dem Schwerpunkt auf Lauf- und Sprungübungen. Nach der Erwärmung mit einer Übung zur Laufkoordination folgt bei der Ballgewöhnung ein Pass- und Laufkontinuum über die ganze Halle. Das Torhüter einwerfen beinhaltet eine 4er-Wurfserie, kombiniert mit einer anschließenden 2gegen2 Konteraktion. Die anschließende Ausdauereinheit fordert Sprungelemente im Wechsel mit einem 2gegen2 Spiel über das ganze Feld. Eine Teamübung und ein Mannschaftskonterwettkampf schließen diese intensive Einheit ab.

Insgesamt besteht die Trainingseinheit aus den folgenden Schwerpunkten:

- Einlaufen/Dehnen (Einzelübung: 10 Minuten/Trainingsgesamtzeit: 10 Minuten)
- Laufkoordination (10/20)
- Ballgewöhnung (10/30)
- Torhüter einwerfen (10/40)
- Ausdauer-Parcours (25/65)
- Teamübung (10/75)
- Angriff/individuell (15/90)

Gesamtzeit der Einheit: 90 Minuten

handball-uebungen.de
Trainingseinheiten und Übungen für Ihr Training!

Nr.: 3-1	Einlaufen/Dehnen	10	10

Ablauf:

- Je zwei Spieler mit einem Ball laufen kreuz und quer durch die Halle und passen sich den Ball locker zu (kurze und weite Pässe).
- Dabei versuchen sie, einer anderen Gruppe den Ball zu „klauen"; sie müssen sich ihren Ball dabei weiter zupassen und dürfen max. zweimal je Spieler prellen. Haben sie einen Ball ergattert, müssen beide Bälle gepasst werden. Die Mannschaft, die ihren Ball verloren hat, macht 10 schnelle Hampelmannbewegungen und muss dann versuchen, sich wieder einen Ball zu erkämpfen.
- Laufbewegung immer wieder ändern (vorwärts, rückwärts, seitwärts laufen).

⚠ Der Ball darf von einem Spieler maximal zweimal hintereinander geprellt werden, danach muss der Pass erfolgen.

Gemeinsames Dehnen in der Gruppe.

Nr.: 3-2	Laufkoordination	10	20

Aufbau:

- Hütchen (sieben rote und sieben schwarze), Hürden, Turnreifen und Pommes (Schaumstoffbalken) wie abgebildet aufbauen.

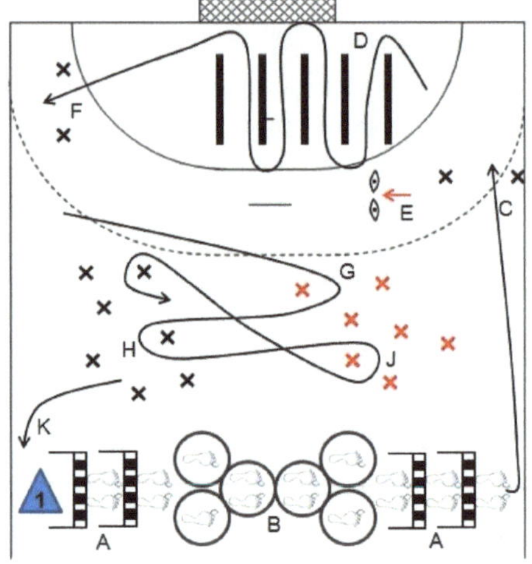

Ablauf:

- 1 beginnt direkt vor der Hürde stehend und überspringt beidbeinig die beiden Hürden (A). Danach durchspringt er die Turnreifen wie abgebildet (B) und überspringt dann sofort erneut beidbeinig die beiden Hürden.
- Nach dem Landen sprintet 1 sofort zur Seite weg und durch die Hütchen (C).
- Danach durchläuft 1 im Slalom in der Seitwärtsbewegung so schnell wie möglich die Pommesbahn (D), mit Blickrichtung geradeaus (E). Am Ende der Pommesbahn erfolgt ein kurzer Sprint durch die Hütchen (F).
- Abschließend werden zehn Hütchen im Slalom umlaufen. Immer im Wechsel ein rotes (G), ein schwarzes (H), ein rotes (J) usw.; dabei darf kein Hütchen zweimal umlaufen werden.
- Nach dem 10. Hütchen startet 1 direkt in die nächste Runde (K).

Gesamtablauf:

- Jeder Spieler absolviert zwei Runden mit mittlerem Tempo.
- Kurze Dehnpause.
- Zwei weitere Runden mit höchstem Tempo anschließen.

Nr.: 3-3	Ballgewöhnung	10	30

Ablauf:

- 1 spielt den Ball zu T1 (A) und startet dynamisch in die Vorwärtsbewegung.
- T1 spielt 1 den Ball sofort wieder zurück in die Laufbewegung (B).
- 2 startet dynamisch und bekommt von 1 den Ball in den Lauf gespielt (C).
- 1 stellt sich nach dem Pass an die Mittellinie (D).
- 2 spielt den Ball aus der Laufbewegung zu T2 (E), umläuft das Hütchen (F) und bekommt den Ball von T2 wieder in den Lauf gespielt (G).
- 3 startet und bekommt von 2 den Ball in den Lauf gespielt (H).
- 2 stellt sich nach dem Pass an die Mittellinie (J).
- 3 stellt sich nach dem Ablauf wieder an.
- Etwas zeitversetzt startet 4 mit dem gleichen Ablauf. Den Start so abstimmen, dass die Spieler an der Mittellinie nur kurz warten müssen, bevor der nächste Pass kommt (C und G).

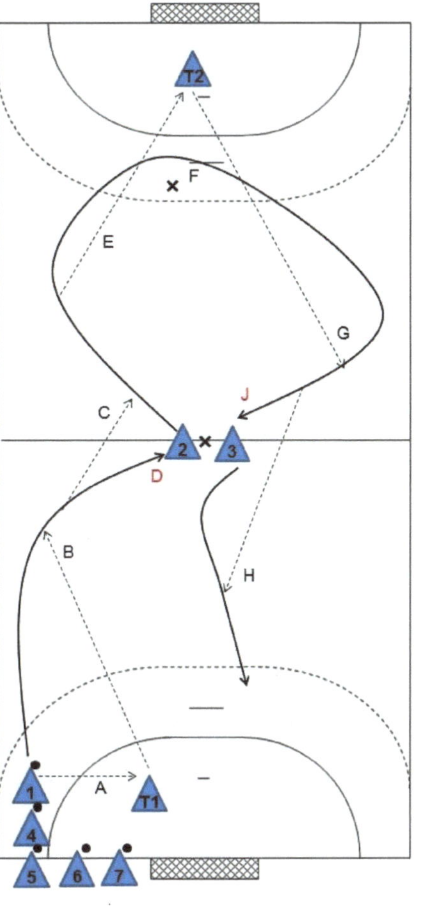

⚠ Die Spieler sollen ihre Laufbewegung in vollem Tempo absolvieren und den gefangenen Ball so schnell wie möglich weiterspielen.

Nr.: 3-4	Torhüter einwerfen	10	40

Aufbau:

- Eine Koordinationsleiter vor das Tor legen.
- Bei jedem Durchgang stehen vier Spieler mit Ball für die Wurfserie bereit.

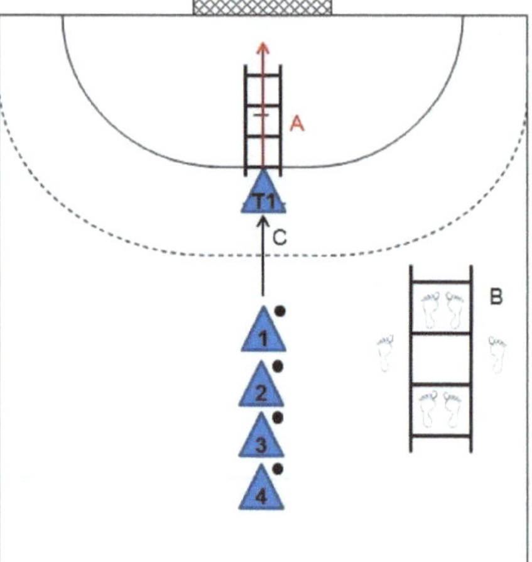

Ablauf:

- T1 startet den Durchgang und durchspringt (A) in der Hampelmannbewegung die Koordinationsleiter (B). Am Ende angekommen, läuft er ins Tor und dreht sich um.
- Sobald T1 richtig im Tor steht, starten die vier Werfer die Wurfserie (C):
    - 1 wirft links hoch.
    - 2 wirft rechts hoch.
    - 3 wirft links tief.
    - 4 wirft rechts tief.
- Nach ihrem Wurf bleiben die Spieler im Bereich zwischen der 6- und 9-Meterlinie (D).
- Nachdem 4 geworfen hat, starten alle vier Spieler in die Konterbewegung (E).
- 1 und 3 spielen dabei jetzt gegen 2 und 4 im 2gegen2, mit dem Ziel, auf der anderen Seite abzuschließen.
- T1 holt sich nach dem letzten Wurf sofort einen der vier geworfenen Bälle und spielt einem der vier Spieler den Ball in die Laufbewegung (F). T1 darf dabei entscheiden, welchem Spieler er den Ball passt.
- Danach wiederholt sich der Ablauf mit den nächsten vier Werfern usw.

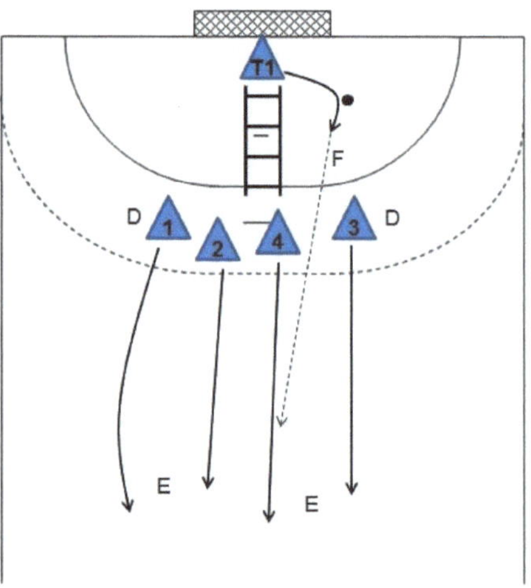

Nr.: 3-5	Ausdauer-Parcours	25	65

Aufbau:

- Wenn die Halle einen Seitenstreifen hat, dort die fünf Hürden wie abgebildet aufstellen. Gibt es keinen Seitenstreifen, die Hürden auf Höhe der Mittellinie aufstellen.
- Zwei Medizinbälle zu den Hürden legen.

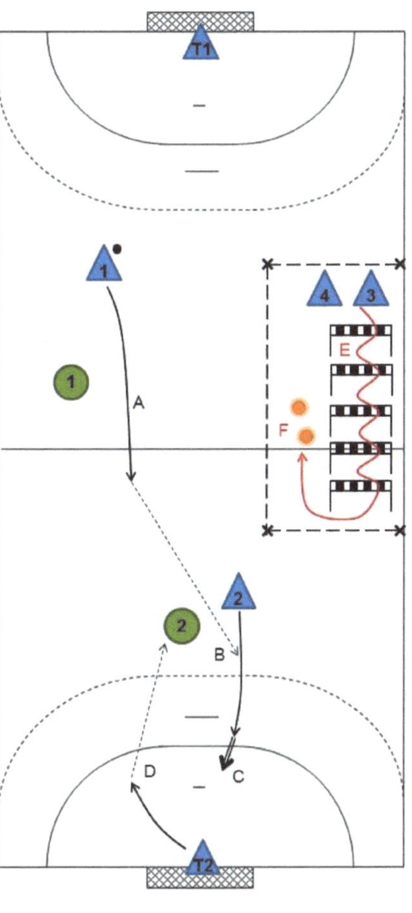

Ablauf auf dem Spielfeld:

- 1 und 2 spielen im 2gegen2 gegen 1 und 2.
- Beide Mannschaften können im freien Spiel versuchen, zum Torabschluss zu kommen (A, B und C).
- Fällt ein Tor, wird der Ball jeweils direkt vom Torhüter wieder ins Spiel gebracht (D) und es wird ohne Anspiel an der Mittellinie weitergespielt.
- Wird ein Spieler im Bereich zwischen der 6- und 9-Meterlinie bei einer Aktion Richtung Tor gefoult, gibt es sofort einen 7-Meter für den Angreifer.
- Die vier Spieler spielen so lange im 2gegen2, wie 3 und 4 für ihre Aufgabe brauchen.
- Beide Mannschaften zählen jeweils ihre Fehlwürfe (die Spieler einer Mannschaft addieren ihre Fehlwürfe).

handball-uebungen.de
Trainingseinheiten und Übungen für Ihr Training!

Ablauf für die Spieler bei den Hürden:

(Bild 1)

(Bild 2)

- 3 und 4 springen nacheinander beidbeinig über die fünf Hürden, ohne Zwischenhüpfer zwischen den Hürden (E) (Bild 1 und 2).
- Danach gehen 3 und 4 zu den beiden Medizinbällen und führen fünfmal die folgende Übung aus:
    - Sie nehmen den Medizinball in beide Hände und gehen in die Knie (Bild 3).
    - Dann stoßen sie sich dynamisch aus der tiefen Position nach oben bis in den Strecksprung ab und stoßen am Ende den Medizinball nach oben (Bild 4).
- Den Ablauf (über die Hürden springen und den Medizinball nach oben stoßen) wiederholen 3 und 4 fünfmal.

(Bild 3)

(Bild 4)

Gesamtablauf:

- 1 und 2 spielen so lange im 2gegen2 gegen 1 und 2, wie 3 und 4 für ihre fünf Durchgänge benötigen.
- Danach geht die Mannschaft, die mehr Tore geworfen hat, aus dem Feld und macht am Rand für jeden Fehlwurf (der Mannschaft) 10 Liegestützen und 10 Sit-Ups. Danach warten sie, bis sie bei den Hürden an der Reihe sind.
- Eine Mannschaft muss maximal zweimal hintereinander das Spiel im 2gegen2 absolvieren, haben sie dann immer noch nicht gewonnen, werden sie trotzdem ausgetauscht. Sie müssen dann am Rand die Übungen für die Fehlwürfe aus den beiden Runden machen (Liegestützen und Sit-Ups).
- Jeder Spieler absolviert den Ablauf (Spiel im 2gegen2, Hürden und Medizinball) jeweils zweimal.

handball-uebungen.de
Trainingseinheiten und Übungen für Ihr Training!

Nr.: 3-6	Teamübung	10	75

Aufbau:

- Alle Spieler stellen sich mit Ball im Kreis auf.

Ablauf:

- Die Spieler bekommen eine Aufgabe gestellt und haben 30 Sekunden Zeit, sich als Mannschaft zu beratschlagen, wie sie die Aufgabe lösen.
- Nach 30 Sekunden pfeift der Trainer (A) und die Spieler müssen die Aufgabe ohne Fehler erfüllen.
- Die Spieler bekommen drei Versuche, um die jeweilige Aufgabe zu erfüllen. Gelingt es ihnen nicht, die Aufgabe mit drei Versuchen zu erfüllen, müssen Sie z. B. 10 schnelle Hampelmannbewegungen ausführen.

Aufgaben bei z. B. 12 Spielern:

- Alle Spieler müssen ihre Bälle 20 Sekunden lang gleichzeitig passen (B). Genau drei Bälle **müssen** dabei aber **immer** als Bodenpass gespielt werden (C).
- Immer zwei Spieler müssen sich gleichzeitig ihre Bälle zuspielen, danach die nächsten beiden Spieler usw., bis alle Spieler ihren Ball getauscht haben. Bei einer ungeraden Anzahl passt ein Spieler zweimal. Während der Passfolge dürfen die Spieler aber nicht mehr miteinander sprechen.
- Ein Ball wird mit dem Fuß von Spieler zu Spieler gekickt, alle anderen Bälle müssen dabei gepasst werden. Der Spieler, der den Ball mit dem Fuß spielt, darf dabei keinen Ball in den Händen halten. Die Spieler dürfen den Ball maximal zwei Sekunden in den Händen halten, danach müssen sie ihn weiterspielen. Der Fußball muss direkt weitergespielt werden (1 Kontaktpass).

⚠ Die Spieler sollen in den 30 Sekunden vor dem Pfiff (A) genau absprechen, wie sie die Aufgabe erfüllen können.

Nr.: 3-7	Angriff / individuell	15	90

Aufbau:

- Neben jedes Tor eine Ballkiste stellen.

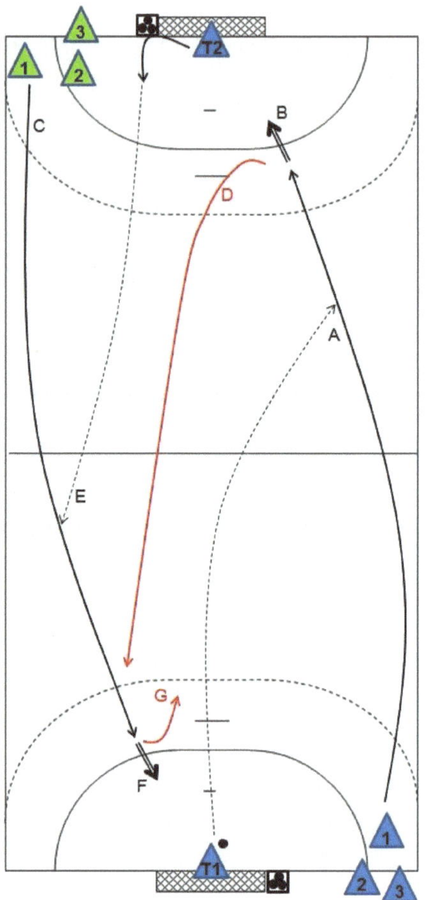

Ablauf:

- 1 startet aus der Ecke heraus in die Konterbewegung und bekommt von T1 den langen Ball in die Laufbewegung gespielt (A).
- 1 wirft aus dem Lauf auf das Tor (B).
- Beim Wurf von 1 startet 1 aus der Ecke heraus in die Konterbewegung (C) und bekommt von T2 den langen Ball in die Laufbewegung gespielt (E).
- 1 geht direkt nach seinem Wurf in die Gegenbewegung (D) und versucht, den Abschluss von 1 zu verhindern.
- 1 schließt mit Wurf ab (F) und geht sofort danach in die Gegenbewegung (G) und versucht, den Konter von 2 zu verhindern.

Gesamtablauf:

- Jeder Spieler absolviert den Ablauf dreimal auf jeder Seite (sechs Würfe). Die Spieler sollen selbständig ihre Fehlwürfe zählen.
- Die Gewinnermannschaft macht je verworfenem Ball zwei Liegestützen und zwei Sit-Ups.
- Die Verlierermannschaft macht fünf Liegestützen und fünf Sit-Ups je verworfenem Ball.

⚠ Darauf achten, dass die neu in den Konter startenden Spieler erst loslaufen (C), wenn der andere Spieler (B) geworfen hat.

Nr.: 4	Intensives Athletiktraining für Arme und Beine (TE 297)	★★★★	90

	Startblock		Hauptblock		
X	Einlaufen/Dehnen		Angriff / Individuell		Sprungkraft
	Laufübung		Angriff / Kleingruppe		Sprintwettkampf
X	Kleines Spiel		Angriff / Team		Torhüter
	Koordination		Angriff / Wurfserie		
X	Laufkoordination		Abwehr / Individuell		**Schlussblock**
	Kräftigung		Abwehr / Kleingruppe		Abschlussspiel
	Ballgewöhnung		Abwehr / Team		Abschlusssprint
	Torhüter einwerfen	X	Athletiktraining		
			Ausdauertraining		

★: Einfache Anforderung (alle Jugend-Aktivenmannschaften)	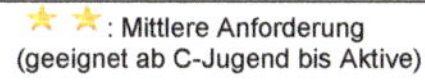: Mittlere Anforderung (geeignet ab C-Jugend bis Aktive)	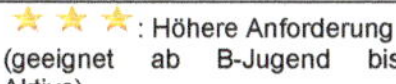: Höhere Anforderung (geeignet ab B-Jugend bis Aktive)	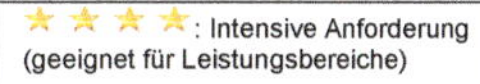: Intensive Anforderung (geeignet für Leistungsbereiche)

Legende:

Hütchen

Angreifer

Abwehrspieler

Weichbodenmatte

Turnbank

Pommes (Schaumstoffbalken)

Turnbarren

Rollbrett

Basketball

Benötigt:

➔ 3-4 Basketballkörbe, 6-8 Basketbälle wenn vorhanden (sonst Handbälle), 8 Pommes (Schaumstoffbalken), 1 Barren, 2 Rollbretter, 2 Weichbodenmatten, 5 Turnbänke, Stoppuhr, Pfeife

Beschreibung:

Der Schwerpunkt dieser intensiven Trainingseinheit liegt im Athletiktraining. Nach der Erwärmung mit einem laufintensiven Aufwärmspiel und einer Laufkoordinationsübung folgt ein Athletikparcours. Eine weitere Sprung- und Kräftigungsübung für die Arme und eine Laufübung zum Abschluss runden diese Trainingseinheit ab.

Danke an Jannik und Marius für die actionreiche Unterstützung!

Insgesamt besteht die Trainingseinheit aus den folgenden Schwerpunkten:

- Einlaufen/Dehnen (Einzelübung: 10 Minuten/Trainingsgesamtzeit: 10 Minuten)
- kleines Spiel (15/25)
- Laufkoordination (10/35)
- Athletik-Parcours (30/65)
- Athletiktraining (15/80)
- Laufübung (10/90)

Gesamtzeit der Einheit: 90 Minuten

Nr.: 4-1	Einlaufen/Dehnen	10	10

Ablauf:

- Zwei Gruppen bilden.
- Jede Gruppe bekommt einen Leader. Dieser läuft voraus und macht Übungen vor, die die anderen Spieler nachmachen müssen.
- Sobald der Trainer pfeift, wird der nächste Spieler zum Leader und macht ebenfalls Übungen vor.
- Gemeinsam in der Gruppe dehnen.

Nr.: 4-2	kleines Spiel	15	25

Aufbau:

- Jeweils vier Spieler gehen mit zwei Basketbällen an einen Basketballkorb.
- Eine Startwurflinie (Freiwurflinie) an jedem Basketballkorb definieren.

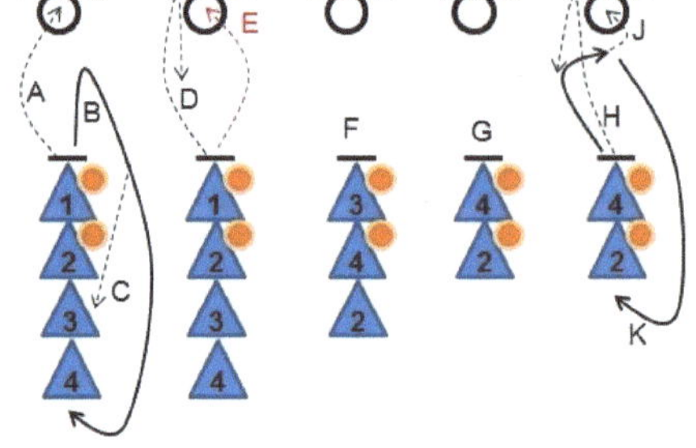

⚠ Das Spiel ist sehr intensiv, da die Spieler permanent in Aktion sind.

Ablauf:

- 1 beginnt den Ablauf und wirft von der Startwurflinie auf den Basketballkorb (A).
  - Trifft 1 direkt, holt er schnell seinen geworfenen Ball (B), passt diesen zu 3 (C) und stellt sich hinten wieder an.
  - Trifft 1 nicht direkt (H), darf er schnell seinen Ball holen und weiter versuchen, einen Korb zu erzielen (J); er darf dabei seine Position beliebig verändern.
- Sobald 1 auf den Korb geworfen hat, rückt 2 sofort nach und wirft ebenfalls seinen Ball auf den Basketballkorb (E).
  - Trifft auch er nicht direkt, darf auch er sich seinen Ball holen und so lange auf den Korb werfen, bis er getroffen hat.
- Gelingt es 2 vor 1, einen Korb zu erzielen (E), scheidet 1 aus.
  - 1 holt trotzdem noch schnell seinen Ball und passt diesen zu 3.
  - 2 holt nach seinem Korbwurf (E) schnell den Ball, passt diesen zu 4 und stellt sich wieder hinten an (F).

handball-uebungen.de
Trainingseinheiten und Übungen für Ihr Training!

- Der Ablauf wiederholt sich, bis nur noch zwei Spieler übrig sind (G).
- Jetzt holt der Spieler nach erfolgreichem Korbwurf (H und J) schnell seinen Ball, läuft sofort zur Startwurflinie und wirft erneut auf den Korb (K), bis einer der beiden Spieler vor dem anderen seinen Korb erzielt. Dieser Spieler bekommt einen Punkt und der Ablauf wiederholt sich.

Idee des Spiels:

- Die Spieler spielen immer im 2gegen2 gegeneinander.
- Wenn der „nachwerfende Spieler" (2) vor dem „zuerst werfenden Spieler" (1) einen Korb erzielt, scheidet 1 aus.
- Danach spielen 2 und 3 gegeneinander.
- Wenn der Vordermann immer zuerst trifft, wäre es ein stetiger Rundlauf, da keiner ausscheidet.
- Trifft der Hintermann vor dem Vordermann, scheidet der Vordermann aus.

Gesamtablauf:

- Jede 4er-Gruppe spielt so lange, bis ein Spieler fünf Punkte erzielt hat, danach werden die 4er-Gruppen neu zusammengestellt und jeweils die zwei Ersten und die beiden Letzten bilden neue 4er-Gruppen. Der Ablauf wiederholt sich, bis wieder ein Spieler fünf Punkte hat.

handball-uebungen.de
Trainingseinheiten und Übungen für Ihr Training!

Nr.: 4-3	Laufkoordination	10	35

Grundablauf:

- Die Spieler führen folgende Lauf- oder Sprungbewegungen über jeweils 3-4 Bahnen (halbe Halle) durch:

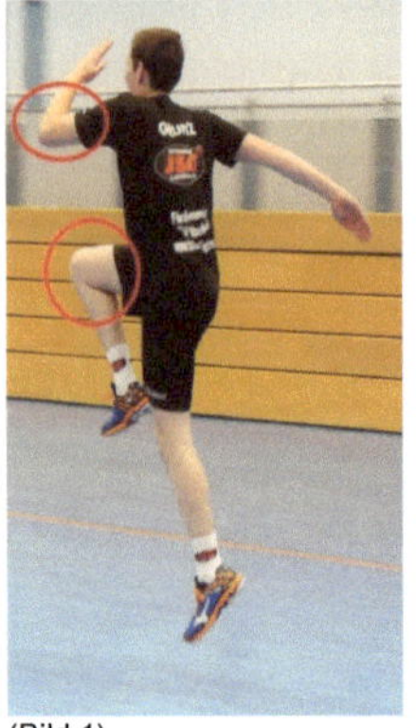
(Bild 1)

(Bild 2)

Athletischer Hopserlauf (Bild 1):

- Im Wechsel nach vorne oben abspringen und mit dem gleichen Bein wieder landen. Dabei bilden Ellenbogen und Knie jeweils einen rechten Winkel.

Weitsprunglauf (Bild 2):

- Bei jedem Sprung wird ein Fußwechsel durchgeführt (links abspringen, rechts wieder landen und mit rechts direkt wieder abspringen). Die Spieler sollen beim Springen weit nach vorne springen.

⚠ Die Spieler müssen dynamisch nach oben (Bild 1) und nach vorne (Bild 2) abspringen und sich dabei deutlich mit den Fußspitzen nach oben abdrücken.

Doppelsprunglauf:

- Die Spieler springen immer im gleichbleibenden Rhythmus zweimal mit dem linken und zweimal mit dem rechten Bein ab (Rhythmuswechsel 1x (l. Bein) – 2x (r. B) – 2x (l. B) – 1x (r. B) usw.).

Partner-Skippings (Bild 3):

- Die Spieler machen zuerst jeder für sich ein paar dynamische Skippings auf der Stelle.
- Der Hintermann umfasst für die Partner-Skippings die Hüfte des Vordermanns, der gegen den Widerstand Skippings macht. Der Hintermann lässt nach 2-3 Sekunden selbständig los. Der Vordermann nutzt die freigewordene Energie und führt einen Steigerungslauf über ca. 10-15 Meter aus (Bild 4).

(Bild 3)

⚠ Beim Steigerungslauf soll der laufende Spieler mit hohen Knien arbeiten, ohne aus dem Gleichgewicht zu kommen.

(Bild 4)

Nr.: 4-4	Athletik-Parcours	30	65

Aufbau:

- 1 Barren, 8 Pommes, 2 Rollbretter, 2 Weichbodenmatten wie abgebildet (Bild 1) aufbauen.

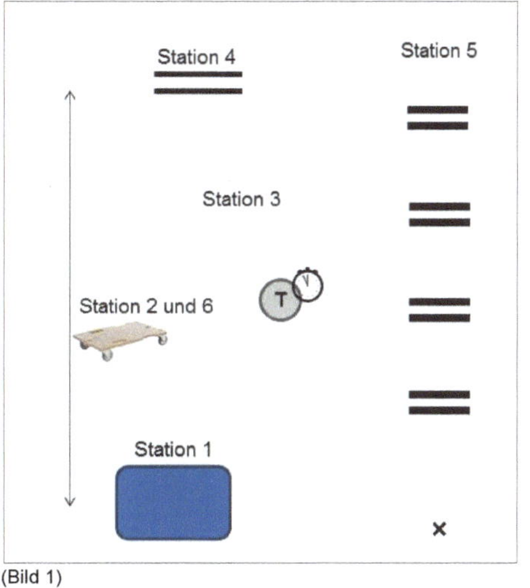

(Bild 1)

Grundsätzlicher Ablauf:

- Es gehen immer zwei Spieler zusammen, besetzen jeweils eine Station und absolvieren im Wechsel die Stationen (immer einer hat Pause, während der andere die Übung absolviert).
- Die Spieler sollen die Übungen in der abgebildeten Reihenfolge durchführen.

Zeitlicher Ablauf:

- Spieler 1 absolviert die Übung eine Minute.
- 10 Sekunden Pause für Spielerwechsel an der Übung.
- Spieler 2 absolviert die Übung eine Minute.
- 10 Sekunden Pause für den Stationswechsel.
- Usw.
- Nachdem alle Stationen einmal absolviert wurden, haben die Spieler zwei Minuten Pause, danach wiederholt sich der Ablauf ein zweites Mal.

handball-uebungen.de
Trainingseinheiten und Übungen für Ihr Training!

Station 1 (Weichbodenmatten):

Aufbau:

- Zwei Weichbodenmatten übereinanderlegen.

Ablauf:

- Die Spieler stellen sich vor die Weichbodenmatte (Bild 2), springen dynamisch nach vorne oben und landen in einer stabilen Sitzposition auf dem Po (Bild 3).
- Eventuell mit einem Hütchen den Absprungort (ca. 1 Meter entfernt von den Matten) markieren.

FRATU

(Bild 2)

(Bild 3)

handball-uebungen.de
Trainingseinheiten und Übungen für Ihr Training!

Station 2 und Station 6 (Rollbrett):

Aufbau:

- Ein Rollbrett und einen Rollbereich definieren.

Ablauf Station 2:

- Die Spieler legen sich mit dem Bauch auf das Rollbrett (Bild 4) und stoßen sich dynamisch mit beiden Händen gleichzeitig nach vorne ab. Sie sollen dabei den Oberkörper deutlich nach oben anheben (Bild 5).

Ablauf Station 6:

- Die Spieler legen sich mit dem Bauch auf das Rollbrett (Bild 6) und stoßen sich dynamisch abwechselnd mit den Händen nach vorne ab (Kraulbewegung). Sie sollen dabei den Oberkörper deutlich nach oben anheben.

(Bild 4)

(Bild 5)

(Bild 6)

handball-uebungen.de
Trainingseinheiten und Übungen für Ihr Training!

Station 3 (intermuskuläre Sprungkoordination):
Ablauf:

- Die Spieler gehen in einen tiefen Ausfallschritt (Bild 7), springen (mit beiden Beinen zeitgleich vom Boden abdrücken) aus dieser Position dynamisch nach oben (Bild 8) und landen wieder zeitgleich mit beiden Beinen im tiefen Ausfallschritt, ohne die Position der Beine zu wechseln.
- Nach fünf Sprüngen die Seite wechseln usw.

(Bild 7)

(Bild 8)

⚠ Die Spieler müssen darauf achten, dass die Position der Knie jeweils in einer Linie über dem Fuß steht. Hier in Bild 7 stehen beide Knie zu weit nach innen.

Station 4 (Barren):
Ablauf:

- Am Barren in den Stütz gehen (Bild 9).
- Die Beine anziehen und nach außen führen, dabei die Beine nicht auf den Barren ablegen (Bild 10).
- Die Beine wieder zurück in die Ausgangsstellung führen (Bild 9) und einen Dip machen (Bild 11) usw.

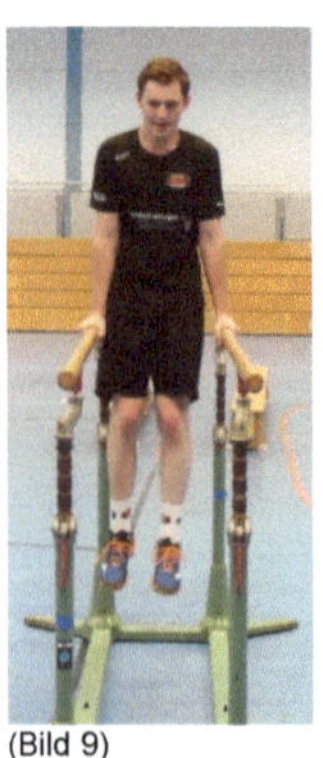
(Bild 9)

(Bild 10)

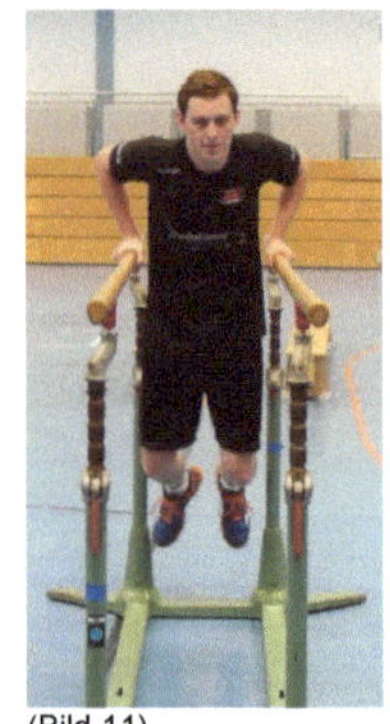
(Bild 11)

⚠ Den Ablauf langsam und kontinuierlich ausführen. Auf einen geraden Rücken achten.

Station 5 (Pommesbahn):

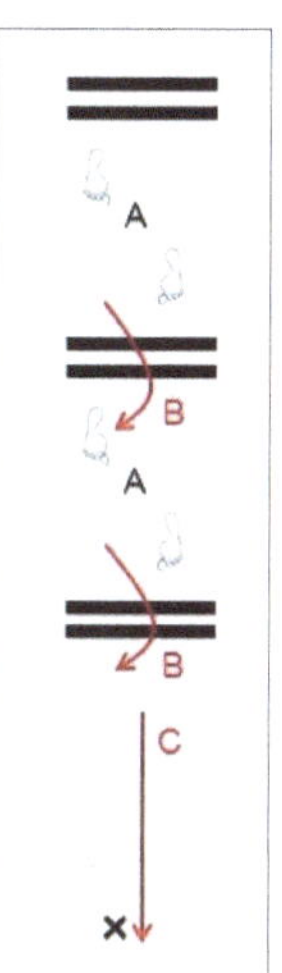

Aufbau:

- Den Abstand zwischen den Pommes so wählen, dass man sie mit zwei weiten Sprüngen durchspringen kann.

Ablauf:

- Der Spieler springt mit zwei weiten Sprüngen durch den großen Abstand (A) und macht über die Doppelpommes einen hohen Sprung (B).
- Nach der letzten Pommes wird bis zum Hütchen gesprintet (C).
- Danach läuft der Spieler in schnellem Tempo zurück und wiederholt den Ablauf.

Nr.: 4-5	Athletiktraining	15	80

Aufbau:

- Fünf Turnbänke hintereinander mit ca. 1 Meter Abstand zueinander aufstellen.

(Bild 1)

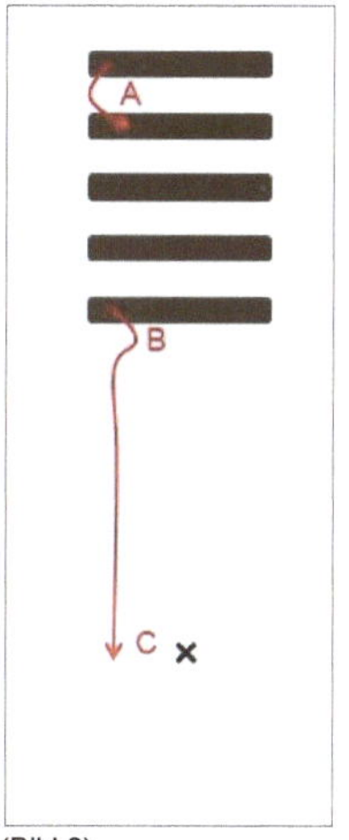

(Bild 2)

Ablauf 1:

- Die Spieler stellen sich auf die Bank (Bild 1), springen beidbeinig nach unten, drücken sich sofort dynamisch (reflexiv) vom Boden wieder nach oben ab und landen auf der nächsten Bank (A).
- Den Ablauf wiederholen Sie an den nächsten drei Bänken.
- Auf der letzten Bank stehend springen die Spieler beidbeinig 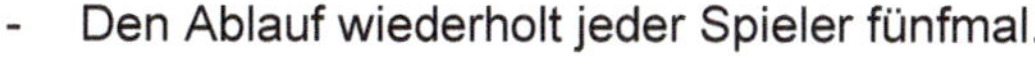 nach unten und sprinten nach dem Landen bis zum Hütchen (C).
- Den Ablauf wiederholt jeder Spieler fünfmal.

handball-uebungen.de
Trainingseinheiten und Übungen für Ihr Training!

Ablauf 2:

- Ein Spieler geht in die Schubkarrenposition neben der ersten Bank, der andere Spieler hält hinten die Beine hoch (Bild 3).
- Der Spieler überläuft mit den Händen nacheinander die Bänke (Bild 4), bis er neben der fünften Bank angekommen ist, danach wiederholt sich der Ablauf mit dem zweiten Spieler.

⚠ Die Spieler dürfen dabei nicht ins Hohlkreuz fallen (Bauch dabei aktiv anspannen).

Steigerung:

- Zwischen den Bänken macht der Spieler noch eine Liegestütze (Bild 5), der haltende Spieler soll dabei etwas in die Knie gehen, sodass der Spieler unten nicht ins Hohlkreuz fällt.

(Bild 3)

(Bild 4)

(Bild 5)

Nr.: 4-6	Laufübung	10	90

Ablauf:

- Alle Spieler laufen auf einer Höhe in lockerem Tempo von Torauslinie zu Torauslinie (A).
- Irgendwann pfeift (T) (B), das ist das Signal für (1) und (2). Beide ziehen einen Sprint an und müssen so lange laufen, bis sie die anderen Spieler wieder in Laufrichtung erreicht haben (C und D). Die anderen Spieler laufen dabei in lockerem Tempo weiter (A).
- Wenn (1) und (2) die anderen Spieler wieder erreicht haben, nehmen sie das Tempo wieder heraus und laufen mit den anderen weiter. Sobald (T) wieder pfeift, sind die nächsten beiden Spieler an der Reihe.
- Usw. bis alle Spieler den Ablauf zweimal absolviert haben.

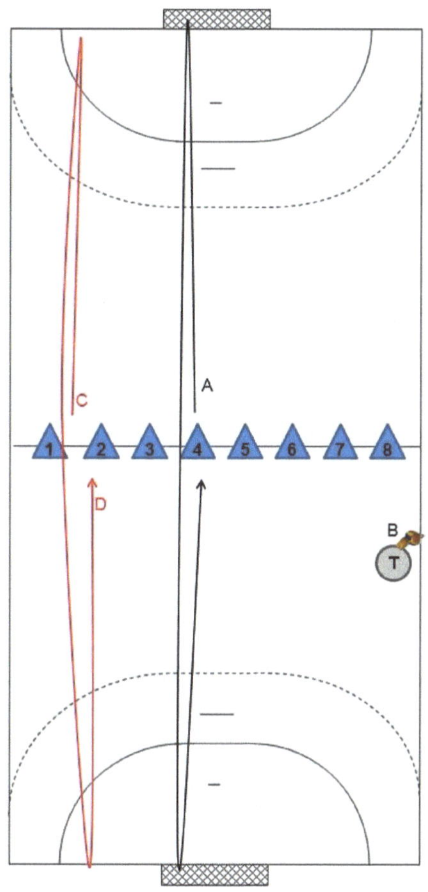

Notizen:

handball-uebungen.de
Trainingseinheiten und Übungen für Ihr Training!

Nr.: 5	Handballspezifisches Ausdauertraining in spielnahen Situationen (TE 319)	★★★	90

	Startblock		**Hauptblock**		
X	Einlaufen/Dehnen		Angriff / Individuell		Sprungkraft
	Laufübung		Angriff / Kleingruppe	X	Sprintwettkampf
	Kleines Spiel		Angriff / Team		Torhüter
	Koordination		Angriff / Wurfserie		
	Laufkoordination		Abwehr / Individuell		**Schlussblock**
	Kräftigung		Abwehr / Kleingruppe		Abschlussspiel
X	Ballgewöhnung		Abwehr / Team		Abschlusssprint
X	Torhüter einwerfen		Athletiktraining		
		X	Ausdauertraining		

★: Einfache Anforderung (alle Jugend-Aktivenmannschaften)	★★: Mittlere Anforderung (geeignet ab C-Jugend bis Aktive)	★★★: Höhere Anforderung (geeignet ab B-Jugend bis Aktive)	★★★★: Intensive Anforderung (geeignet für Leistungsbereiche)

Legende:

Hütchen

Angreifer

Abwehrspieler

dünne Turnmatte

Ballkiste

großer Turnkasten

Hürde

Turnbank

Turnreifen

Benötigt:

➔ 10 Hütchen, 2 Hürden, 1 Turnbank, 6 Turnreifen, 3 dünne Turnmatten, 4 große Turnkästen, 2 Ballkisten mit 20 Handbällen

Beschreibung:

Diese Trainingseinheit beinhaltet eine spielerische und handballnahe Ausdauereinheit. Alle Einzelübungen sind laufintensiv und haben den direkten Handballbezug. Nach der Erwärmung mit der Ballgewöhnung und dem Torhüter einwerfen folgt der Ausdauerparcours. Zwei Spieler absolvieren dabei eine Aufgabe gegeneinander. Welche Mannschaft erzielt zuerst acht Punkte? Ein Sprintwettkampf rundet diese intensive Trainingseinheit ab.

Insgesamt besteht die Trainingseinheit aus den folgenden Schwerpunkten:

- Einlaufen/Dehnen (Einzelübung: 10 Minuten/Trainingsgesamtzeit: 10 Minuten)
- Ballgewöhnung (10/20)
- Torhüter einwerfen (10/30)
- Ausdauerparcours (50/80)
- Sprintwettkampf (10/90)

Gesamtzeit der Trainingseinheit: 90 Minuten

handball-uebungen.de
Trainingseinheiten und Übungen für Ihr Training!

Nr.: 5-1	Einlaufen/Dehnen	10	10

Ablauf:

- Jeder Spieler läuft mit einem Ball prellend selbständig durch die Halle.
- Laufbewegung immer wieder ändern; vorwärts, rückwärts, seitwärts laufen, Hopserlauf, Sprungwürfe, dabei den Ball weiter prellen.
- Abhängig davon, wie oft der Trainer pfeift, müssen alle Spieler folgende Aktionen ausführen:
    - Einmal pfeifen: Alle Spieler versuchen, so schnell wie möglich einen Basketballkorb zu erzielen und laufen danach in den Mittelkreis.
    - Zweimal pfeifen: Alle Spieler versuchen, so schnell wie möglich ab der 6-Meterlinie den Pfosten zu treffen und laufen danach in den Mittelkreis.
    - Dreimal pfeifen: Die Spieler werfen den Ball gerade nach oben und müssen sich dreimal um die eigene Achse drehen. Der Ball darf dabei nicht herunterfallen. Wurde der Ball nach der dritten Drehung wieder gefangen, laufen die Spieler in den Mittelkreis.
- Die jeweils drei letzten Spieler müssen fünf schnelle Hampelmannbewegungen machen.
- Zwischen den Sonderaufgaben laufen alle Spieler weiter durch die Halle.
- Selbständig oder in der Gruppe dehnen.

Nr.: 5-2	Ballgewöhnung	10	20

Aufbau:

- 10 Hütchen, sechs Turnreifen und 1 dünne Turnmatte wie abgebildet aufbauen.
- Die Spieler verteilen sich gleichmäßig hinter den äußeren Hütchen (min. zwei Spieler je Hütchen). Zwei Spieler (1 und 3) haben einen Ball.
- T hat ein paar Reservebälle.

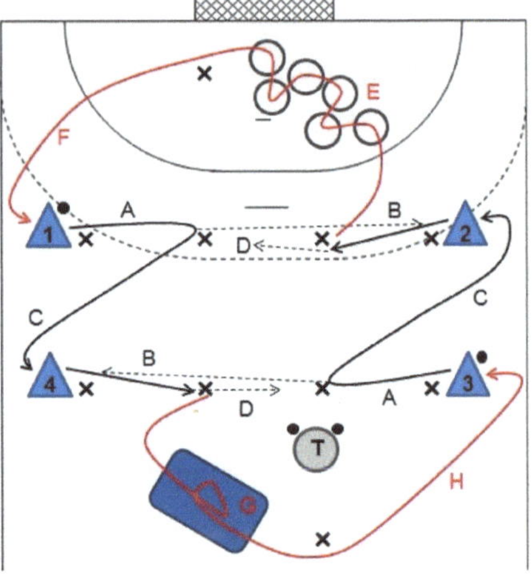

Ablauf:

- 1 und 3 starten den Ablauf gleichzeitig, stoßen bis zum vorderen Hütchen (A) und passen den Ball dem anlaufenden Spieler (2 und 4) in die Laufbewegung (B).
- Nach dem Pass ziehen sie sich zurück und stellen sich an der nächsten Position an (C).
- 2 und 4 stoßen ebenfalls bis zum Hütchen nach vorne und passen dem nächsten Spieler auf der anderen Seite den Ball in die Laufbewegung (D).
- Nach dem Pass absolvieren 2 und 4 je eine Zusatzaufgabe:
  - 2 durchläuft in schnellem Tempo die Reifenbahn mit je einem Kontakt je Reifen (E), umläuft das Hütchen und stellt sich wieder an (F).
  - 4 macht auf der Turnmatte einen Purzelbaum (G), umläuft das Hütchen und stellt sich wieder an (H).
- Der Ablauf wiederholt sich im Kontinuum.
- Sollte ein Ball verloren gehen, bringt T schnell wieder einen neuen in den Ablauf.

⚠ Die Spieler müssen die Zusatzaufgabe (E und G) in hohem Tempo absolvieren, damit die Bälle in der Mitte zügig gepasst werden können; es darf keine Passpause entstehen. Den Abstand der beiden nach der Zusatzaufgabe zu umlaufenden Hütchen an die Anzahl der Spieler anpassen.

Nr.: 5-3	Torhüter einwerfen	10	30

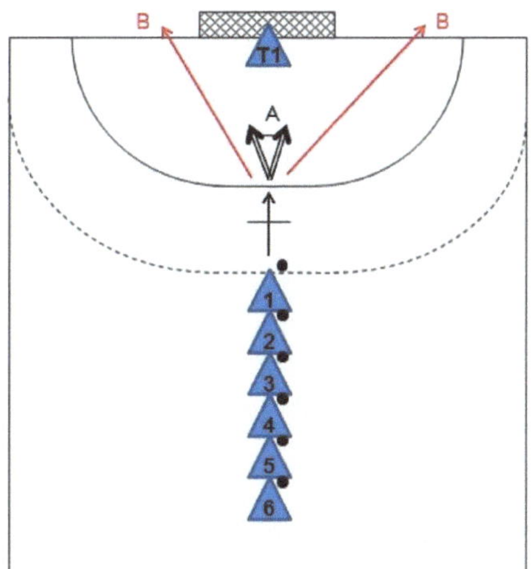

Voraktion:

- Der Trainer gibt einem Spieler vor der Aktion ein Zeichen für die Folgeaktion (hier im Beispiel ist es 4), sodass der Torhüter es nicht mitbekommt.

Ablauf 1. Aktion (kleines Bild):

- 1 startet und wirft nach Vorgabe (hoch, halb, tief) auf das Tor (A).
- 2 startet etwas versetzt mit dem Ablauf, sodass für den Torhüter eine Serie entsteht.
- Usw.
- Nach dem Wurf stellen sich alle Spieler zügig auf die Grundlinie (B).

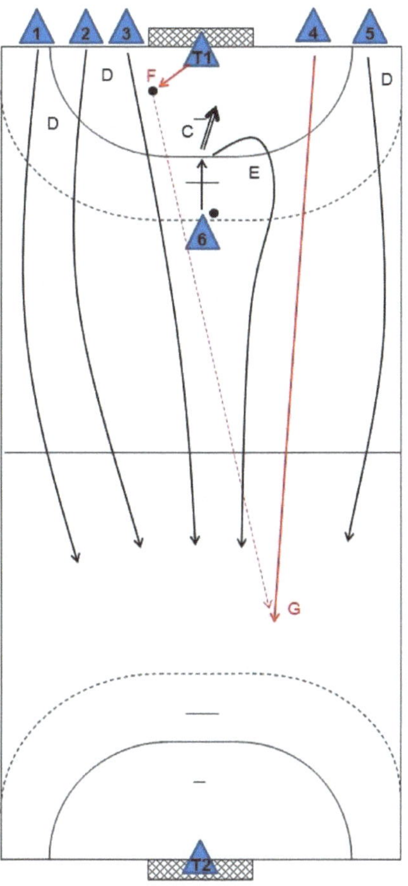

Ablauf Folgeaktion:

- Wenn der letzte Spieler mit Werfen an der Reihe ist, starten alle Spieler und laufen von der Grundlinie aus Richtung Mittellinie (D).
- 6 dreht nach seinem Wurf (C) sofort ab und läuft ebenfalls Richtung Mittellinie (E).
- Der Spieler, der vorher vom Trainer benannt wurde (4), sprintet mit höchstem Tempo und hebt dabei den Arm, sodass er für den Torhüter erkennbar ist.
- T1 holt so schnell wie möglich nach dem letzten Wurf (C) den Ball (F) und passt ihn 4 über die anderen Spieler hinweg in den Lauf (G).
- 4 schließt auf der anderen Seite mit freiem Wurf von der 9-Meterlinie ab.

- Danach wiederholt sich der Ablauf von der anderen Seite.

⚠ Die anderen Spieler sollen ihr Lauftempo so anpassen, dass 4 einige Meter nach der Mittellinie an ihnen vorbei ist, sodass der Pass von T1 möglich ist.

Nr.: 5-4	Ausdauer-Parcours	50	80

Aufbau:

- Am Rand außerhalb des Spielfelds eine Reifenreihe aus acht Turnreifen bilden. Zwei unterschiedlich farbige Hütchen davorstellen.
- Für den Parcours in der Mitte Folgendes aufbauen:
  - Zwei Hürden (A), eine Turnbank (B), zwei große Turnkästen (C), fünf Turnreifen (D) und vier Hütchen wie abgebildet in der Mitte des Spielfeldes aufbauen.
  - In die Mitte 2-3 dünne Turnmatten legen (E).
- Für die Wurfserien in jeder Hallenhälfte einmal aufbauen:
  - Ein Hütchen in der Mitte, je ein Hütchen auf den Außenpositionen, ein großer Turnkasten, zwei Hütchen auf den Halbpositionen, eine Ballkiste mit zehn Bällen.
- Als Motivation für die Siegermannschaft vorher etwas überlegen/mitbringen.

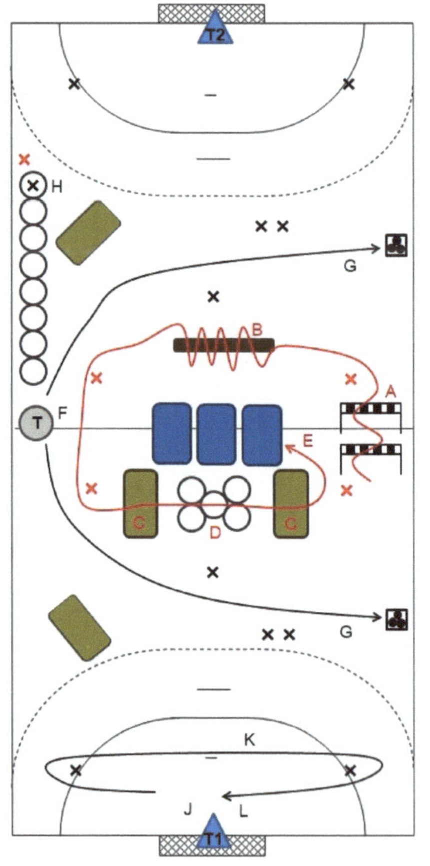

(Bild 1)

handball-uebungen.de
Trainingseinheiten und Übungen für Ihr Training!

Grundablauf:

- Zwei Mannschaften bilden, in jeder muss sich ein Torhüter (T1 und T2) befinden.
- Je ein Spieler jeder Mannschaft geht zum Trainer (F). Die anderen Spieler absolvieren den Parcours in der Mitte (A bis E)

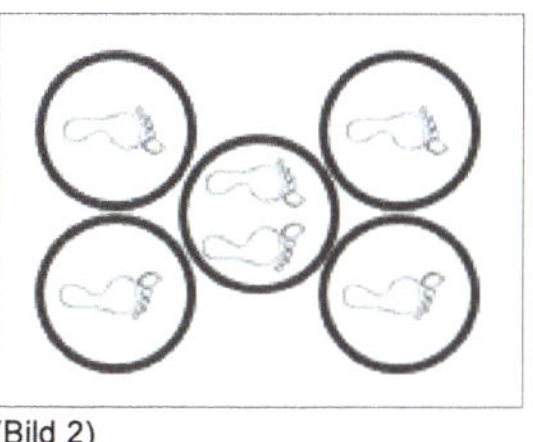

(Bild 2)

Ablauf für den Parcours in der Mitte:

- Die Spieler springen beidbeinig über die beiden Hürden (A).
- Dann springen sie einbeinig über die Turnbank (B).
- Sie springen auf den Turnkasten (C), auf der anderen Seite wieder runter, durchspringen die fünf Turnreifen wie abgebildet (Bild 2) und überspringen den zweiten Turnkasten (D).
- Danach biegen sie zu den Turnmatten ab (E):
  - Auf den Turnmatten machen sie 10 Liegestütze und 10 Sit-Ups.
- Der Ablauf wiederholt sich so lange, bis einer der beiden Werfer seine Aufgabe erfüllt hat.

Ablauf für die Werfer:

- (T) zeigt beiden Spielern gleichzeitig die 1. Wurfkarte (F).
- Die Spieler lesen sich aufmerksam die Aufgabe durch.
- Auf Kommando starten die Spieler, laufen zu ihrer Ballkiste (G) und absolvieren die gestellte Aufgabe. Für die Spieler in der Mitte ist dies ebenfalls das Signal, zu starten (A bis E).
- Sobald einer der beiden Spieler die Wurfaufgabe erfüllt hat, stoppen alle Spieler ihre Aktion.
  - Die Spieler in der Mitte sammeln schnell die Bälle ein.
  - Der Spieler, der die Wurfaufgabe zuerst erfüllt hat, stellt sein Hütchen in den ersten Turnreifen (H).
- Sobald in jeder Ballkiste wieder 10 Bälle sind, startet der nächste Durchgang. Zwei neue Spieler gehen zu (T), bekommen die nächste Wurfkarte gezeigt und der Ablauf wiederholt sich mit der neuen Aufgabe.
- Der Ablauf wiederholt sich so lange, bis eine Mannschaft ihr Hütchen in den achten Reifen gestellt hat, diese Mannschaft gewinnt den Parcours.
- Wenn die acht Wurfkarten absolviert sind und es noch keinen Sieger gibt, werden die Karten gemischt und es wird so lange weitergespielt, bis die geforderte Punktezahl erreicht ist.

handball-uebungen.de
Trainingseinheiten und Übungen für Ihr Training!

Aufgabe für die beiden Torhüter zwischen den Wurfaktionen, nachdem ein Spieler die Wurfaufgabe erfüllt hat:

- Fünf Liegestütze (J).
- Einmal die Hütchen umsprinten (K).
- So lange Sit-Ups machen (L), bis die beiden nächsten Spieler wieder zu (T) gehen (F), um sich die neue Aufgabe zu holen.

⚠ Falls bei einer Wurfaufgabe die beiden Spieler zu lange brauchen, um die Aufgabe zu erfüllen, muss (T) darauf reagieren und die Aufgabe vereinfachen.

⚠ Die beiden Werfer müssen zuerst die Bälle aus der eigenen Ballkiste aufbrauchen. Ist diese leer, dürfen sie einen im Feld liegenden Ball für den nächsten Wurf nehmen, müssen aber immer zuerst zurück zur Ballkiste laufen, diese kurz berühren und von dort den nächsten Versuch starten.

⚠ Die Spieler sollen nach der Wurfaufgabe schnell die Bälle wieder einsammeln, damit keine zu lange Pause zwischen den Aktionen entsteht.

Wurfkarte 1 – Ablauf:

- Ball aus der Ballkiste holen (A).
- Um das Hütchen laufen und vor der 9-Meterline aus dem SCHLAGWURF auf das Tor werfen (B).
- Nach dem Wurf einen neuen Ball holen und so lange werfen, bis die Vorgabe erfüllt ist (C).

Vorgabe:

- Drei Tore in Folge, ohne Fehlwurf dazwischen, erzielen.
- Übertritt = verworfen.

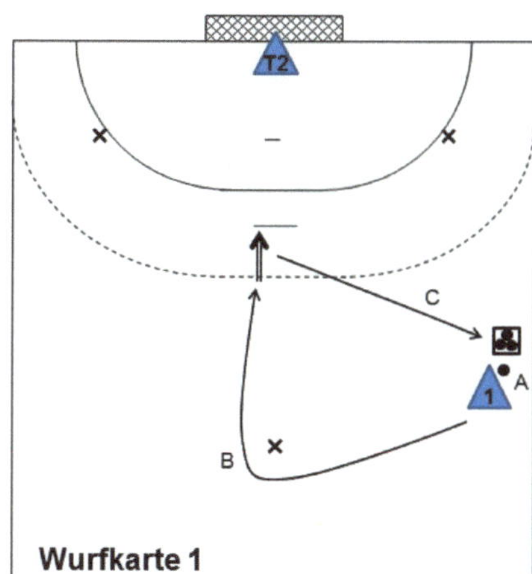

Wurfkarte 1

Schnittkante--

Wurfkarte 2 – Ablauf:

- Ball aus der Ballkiste holen (A).
- Um das Hütchen laufen und von der Linksaußenposition auf das Tor werfen (B).
- Nach dem Wurf einen neuen Ball holen und so lange werfen, bis die Vorgabe erfüllt ist (C).

Vorgabe:

- Vier Tore erzielen, dabei MUSS ein HEBER oder ein DREHER dabei sein.
- Übertritt = verworfen.

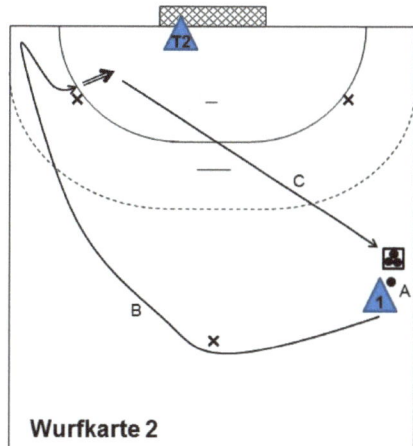

Wurfkarte 2

Schnittkante--

Wurfkarte 3:

Ablauf:

- Ball aus der Ballkiste holen (A).
- Um das Hütchen laufen und vor der 9-Meterline auf das Tor werfen (B).
- Nach dem Wurf einen neuen Ball holen und so lange werfen, bis die Vorgabe erfüllt ist (C).

Vorgabe:

- Sechs Tore erzielen.
- Übertritt = verworfen.

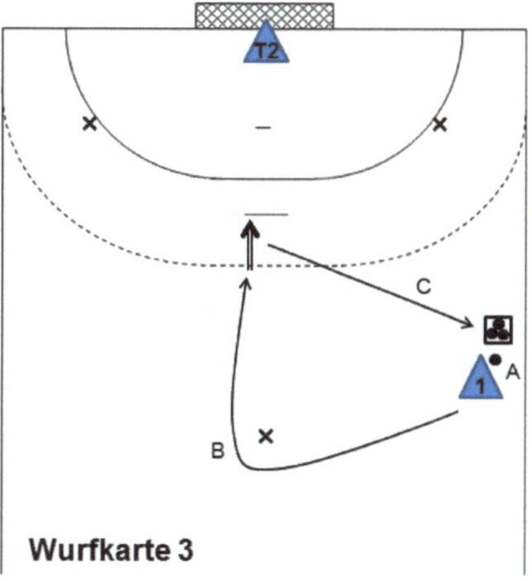

Wurfkarte 3

Wurfkarte 4 – Ablauf:

- Ball aus der Ballkiste holen (A).
- Um das Hütchen laufen und von der Rechtsaußenposition auf das Tor werfen (B).
- Nach dem Wurf einen neuen Ball holen und so lange werfen, bis die Vorgabe erfüllt ist (C).

Vorgabe:

- Vier Tore erzielen, es MUSS ein HEBER oder ein DREHER dabei sein.
- Übertritt = verworfen.

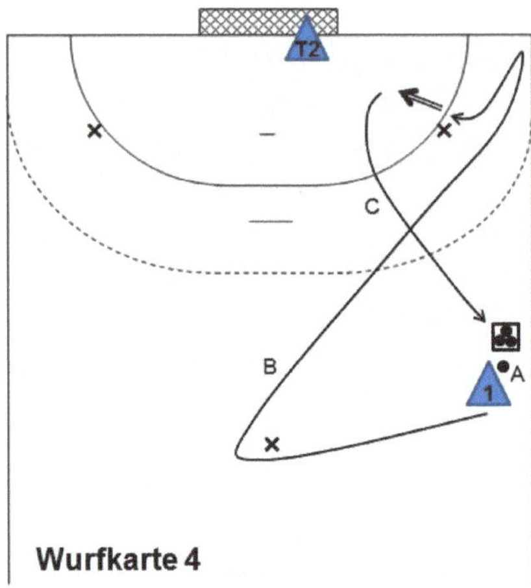

Wurfkarte 4

Schnittkante-----

Wurfkarte 5 – Ablauf:

- Ball aus der Ballkiste holen (A).
- Um das Hütchen laufen und vor der 9-Meterline aus dem SPRUNGWURF auf das Tor werfen (B).
- Nach dem Wurf einen neuen Ball holen und so lange werfen, bis die Vorgabe erfüllt ist (C).

Vorgabe:

- Sechs Tore erzielen, es MUSS ein AUFSETZERTOR dabei sein.
- Übertritt = verworfen.

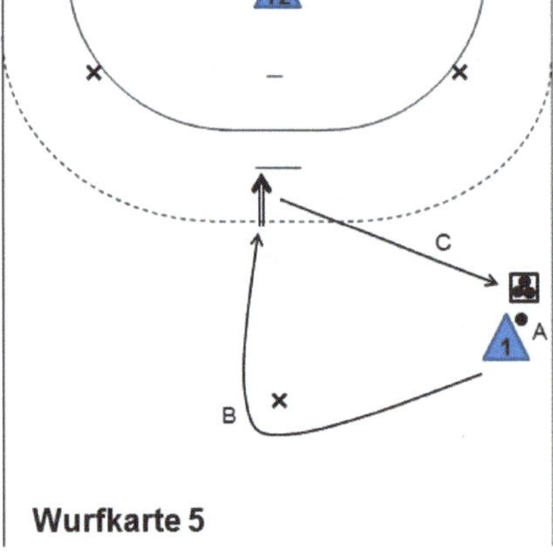

Wurfkarte 5

Schnittkante-----

Wurfkarte 6 – Ablauf:

- Ball aus der Ballkiste holen (A).
- Um das Hütchen laufen, den Ball an den Turnkasten passen, wieder fangen (B) und von der 9-Meterline auf das Tor werfen.
- Nach dem Wurf einen neuen Ball holen und so lange werfen, bis die Vorgabe erfüllt ist (C).

Vorgabe:

- Vier Tore erzielen, dabei darf nach dem Fangen des Balls NICHT mehr geprellt werden.
- Übertritt = verworfen.

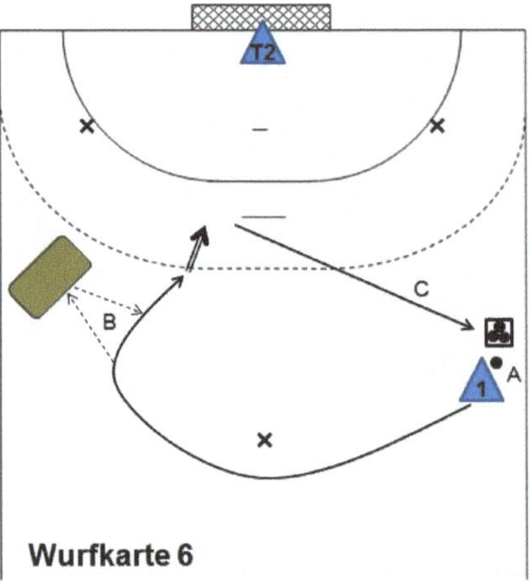

Wurfkarte 6

Wurfkarte 7 – Ablauf:

- Ball aus der Ballkiste holen (A).
- Um das Hütchen laufen, direkt auf Höhe des Hütchens den Ball nach vorne prellen, wieder aufnehmen und ohne noch einmal zu prellen auf das Tor werfen (B).
- Nach dem Wurf einen neuen Ball holen und so lange werfen, bis die Vorgabe erfüllt ist (C).

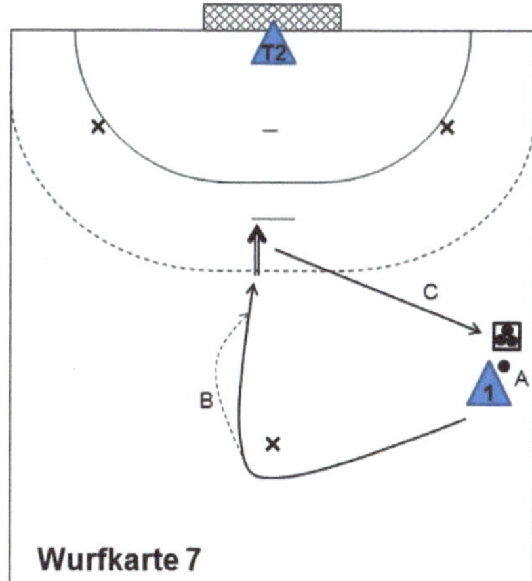

Wurfkarte 7

Vorgabe:

- Vier Tore erzielen, es MUSS ein AUFSETZERTOR dabei sein.
- Übertritt = verworfen.

Schnittkante---

Wurfkarte 8 – Ablauf:

- Ball aus der Ballkiste holen (A).
- Um das Hütchen laufen, vor den beiden Hütchen den Ball aufnehmen, mit drei Schritten eine Körpertäuschung (rechts/links, oder links/rechts) machen und auf das Tor werfen (B).
- Nach dem Wurf einen neuen Ball holen und so lange werfen, bis die Vorgabe erfüllt ist (C).

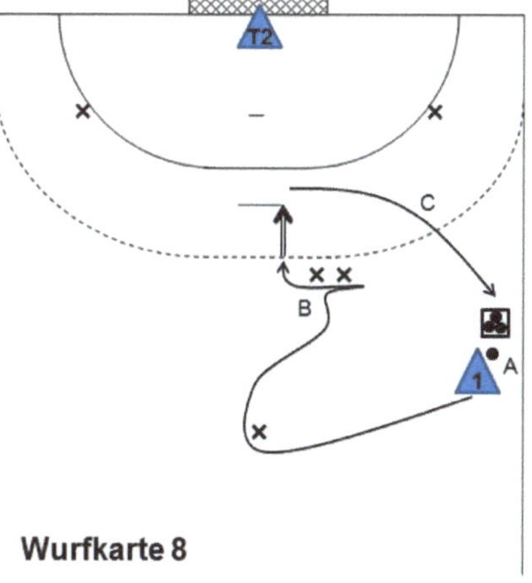

Wurfkarte 8

Vorgabe:

- Vier Tore erzielen.
- Übertritt = verworfen.

Schnittkante---

Nr.: 5-5	Sprintwettkampf	10	90

Aufbau:

- Mannschaften zu je drei Spielern bilden.
- Für jede Mannschaft vier Hütchen wie abgebildet aufstellen.

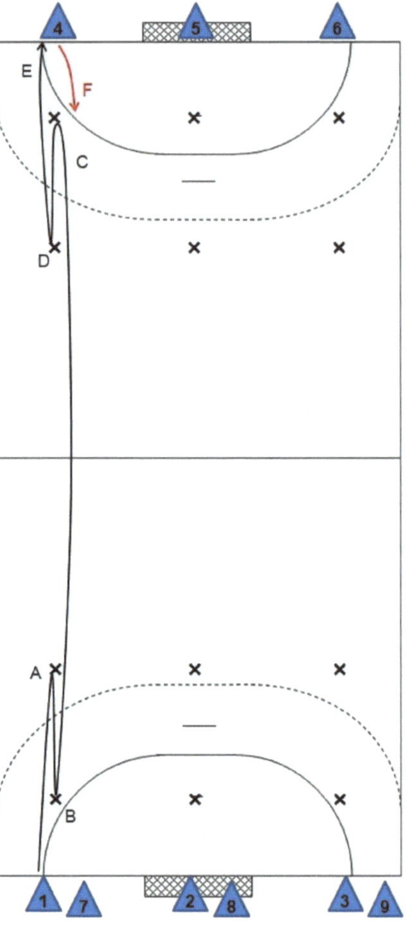

Ablauf:

- Auf Kommando startet jeweils ein Spieler jeder Mannschaft:
  - Er sprintet vorwärts zum zweiten Hütchen (A).
  - Er läuft rückwärts zurück zum ersten Hütchen (B).
  - Er läuft vorwärts bis zum vierten Hütchen (C).
  - Dann rückwärts zurück zum dritten Hütchen (D).
  - Klatscht zum Schluss seinen Mitspieler ab (E), der den Ablauf auf die andere Seite wiederholt (F).
- Jeder Spieler sprintet zweimal.
- Welche Mannschaft ist nach dem sechsten Sprint zuerst über die Grundlinie gelaufen?

2. Durchgang:

- Die Spieler prellen beim Ablauf einen Ball.

Notizen:

handball-uebungen.de
Trainingseinheiten und Übungen für Ihr Training!

5. Über den Autor

JÖRG MADINGER, geboren 1970 in Heidelberg

Juli 2014 (Weiterbildung): 3-tägiger DHB Trainerworkshop "Grundbausteine Torwartschule"
Referenten: Michael Neuhaus, Renate Schubert, Marco Stange, Norbert Potthoff, Olaf Gritz, Andreas Thiel, Henning Fritz

Mai 2014 (Weiterbildung): 3-tägige DHTV/DHB Trainerfortbildung im Rahmen des VELUX EHF FinalFour
Referenten: Jochen Beppler (DHB Trainer), Christian vom Dorff (DHB Schiri), Mark Dragunski (Trainer TuSeM Essen), Klaus-Dieter Petersen (DHB Trainer), Manolo Cadenas (Nationaltrainer Spanien)

Mai 2013 (Weiterbildung): 3-tägige DHTV/DHB Trainerfortbildung im Rahmen des VELUX EHF FinalFour
Referenten: Prof. Dr. Carmen Borggrefe (Uni Stuttgart), Klaus-Dieter Petersen (DHB Trainer), Dr. Georg Froese (Sportpsychologe), Jochen Beppler (DHB Stützpunkttrainer), Carsten Alisch (Nachwuchstrainer Hockey)

seit Juli 2012: Inhaber der DHB A-Lizenz

seit Februar 2011: Vereinsschulungen, Coaching im Trainings- und Wettkampfbetrieb

November 2011: Gründung Handball-Fachverlag (handall-uebungen.de, Handball Praxis und Handball Praxis Spezial)

Mai 2009: Gründung der Handball-Plattform handball-uebungen.de

2008-2010: Jugendkoordinator und Jugendtrainer bei der SG Leutershausen

seit 2006: Inhaber der Trainer-B-Lizenz

Anmerkung des Autors
1995 überredete mich ein Freund, mit ihm zusammen das Handballtraining einer männlichen D-Jugend zu übernehmen.

Dies war der Beginn meiner Trainertätigkeit. Daraufhin fand ich Gefallen an den Aufgaben eines Trainers und stellte stets hohe Anforderungen an die Art meiner Übungen. Bald reichte mir das Standardrepertoire nicht mehr aus und ich begann, Übungen zu modifizieren und mir eigene Übungen zu überlegen.

Heute trainiere ich mehrere Jugend- und Aktivenmannschaften in einem breit gefächerten Leistungsspektrum und richte meine Trainingseinheiten gezielt auf die jeweilige Mannschaft aus.

Seit einigen Jahren vertreibe ich die Übungen über meinen Onlineshop handball-uebungen.de. Da die Tendenz im Handballtraining, vor allem im Jugendbereich, immer mehr in Richtung einer allgemeinen sportlichen Ausbildung mit koordinativen Schwerpunkten geht, eignen sich viele Spiele und Spielformen auch für andere Sportarten.

Lassen Sie sich inspirieren von den verschiedenen Spielideen und bringen Sie auch Ihre eigene Kreativität und Erfahrung ein!

Ihr
Jörg Madinger

6. Weitere Fachbücher des Verlags DV Concept

Von A wie Aufwärmen bis Z wie Zielspiel – 75 Übungsformen für jedes Handballtraining
Ein abwechslungsreiches Training erhöht die Motivation und bietet immer wieder neue Anreize, bekannte Bewegungsabläufe zu verbessern und zu präzisieren. In diesem Buch finden Sie Übungen zu allen Bereichen des Handballtrainings – vom Aufwärmen über Torhüter einwerfen bis hin zu gängigen Inhalten des Hauptteils und Spielen zum Abschluss, die Sie in ihrem täglichen Training mit Ihrer Handballmannschaft inspirieren sollen. Alle Übungen sind bebildert und in der Ausführung leicht verständlich beschrieben. Spezielle Hinweise erläutern, worauf Sie achten müssen.

Insgesamt gliedert sich das Buch in die folgenden Themenschwerpunkte:

Erwärmung:
- Grunderwärmung
- Kleine Spiele zur Erwärmung
- Sprintwettkämpfe
- Koordination
- Ballgewöhnung
- Torhüter einwerfen

Grundübungen, Grund- und Zielspiele:
- Angriff/Wurfserien
- Angriff allgemein
- Schnelle Mitte
- 1. und 2. Welle
- Abwehraktionen
- Abschlussspiele
- Ausdauer

Am Ende finden Sie dann noch eine komplette methodisch ausgearbeitete Trainingseinheit. Ziel der Trainingseinheit ist das Verbessern des Wurfs und der Wurfentscheidung unter Druck.

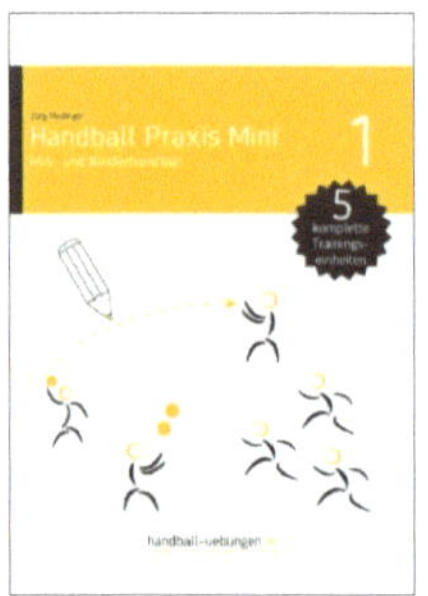

Mini- und Kinderhandball **(5 Trainingseinheiten)**
Mini- bzw. Kinderhandball unterscheidet sich grundlegend vom Training höherer Altersklassen und erst recht vom Handball in Leistungsbereichen. Bei diesem ersten Kontakt mit der Sportart „Handball" sollen die Kinder an den Umgang mit dem Ball herangeführt werden. Es soll der Spaß an der Bewegung, am Sporttreiben, am Spiel miteinander und auch am Wettkampf gegeneinander vermittelt werden.

Das vorliegende Buch führt zunächst kurz in das Thema und die Besonderheiten des Mini- und Kinderhandballs ein und zeigt dabei an einigen Beispielübungen Möglichkeiten auf, das Training interessant und abwechslungsreich zu gestalten.

Im Anschluss folgen fünf komplette Trainingseinheiten in verschiedenen Schwierigkeitsgraden mit Hauptaugenmerk auf den Grundtechniken im Handball (Prellen, Passen, Fangen, Werfen und Abwehren im Spiel gegeneinander). Hier wird spielerisch in die späteren handballspezifischen Grundlagen eingeführt, wobei auch die generelle Bewegungserfahrung und die Ausprägung von koordinativen Fähigkeiten besondere Beachtung findet.

Die Übungen sind leicht verständlich durch Text und Übungsbild erklärt und können in jedes Training direkt integriert werden. Durch verschiedene Variationen können die Trainingseinheiten im Schwierigkeitsgrad an die jeweilige Trainingsgruppe angepasst werden. Sie sollen auch Ideen bieten, die Übungen zu modifizieren und weiterzuentwickeln, um das Training immer wieder neu und abwechslungsreich zu gestalten.

Passen und Fangen in der Bewegung – 60 Übungsformen für jedes Handballtraining

Passen und Fangen sind zwei Grundtechniken im Handball, die im Training permanent trainiert und verbessert werden müssen. Die vorliegenden 60 praktischen Übungen bieten viele Varianten, um das Passen und Fangen anspruchsvoll und abwechslungsreich zu trainieren. Ein besonderer Fokus liegt dabei darauf, die Sicherheit beim Passen und Fangen auch in der Bewegung mit hoher Dynamik zu verbessern. Deshalb werden die Übungen mit immer neuen Laufwegen und spielnahen Bewegungen gekoppelt.

Die Übungen sind leicht verständlich durch Text und Übungsbild erklärt und können in jedes Training direkt integriert werden. Durch verschiedene Schwierigkeitsgrade und Komplexitätsstufen kann für jede Altersstufe das Passen und Fangen passend gestaltet werden.

Effektives Einwerfen der Torhüter – 60 Übungsformen für jedes Handballtraining

Das Einwerfen der Torhüter ist in nahezu jedem Training notwendiger Bestandteil. Die vorliegenden 60 Übungen zum Einwerfen bieten hier verschiedene Ideen, um das Einwerfen sowohl für die Torhüter als auch für die Feldspieler anspruchsvoll und abwechslungsreich zu gestalten. Ein besonderer Fokus liegt dabei darauf, schon beim Einwerfen die Dynamik der Spieler zu verbessern.

Die Übungen sind leicht verständlich durch Text und Übungsbild erklärt und können in jedes Training direkt integriert werden. Ob gekoppelt mit koordinativen Zusatzübungen oder vorbereitend für Inhalte des Hauptteils, kann für jedes Training und durch verschiedene Schwierigkeitsstufen für jede Altersstufe das Einwerfen passend gestaltet werden.

Weitere Handball-Fachbücher und E-Books finden Sie unter
www.handball-uebungen.de

Wettkampfspiele für das tägliche Handballtraining – 60 Übungsformen für jede Altersstufe

Handball lebt von schnellen und richtig getroffenen Entscheidungen in jeder Spielsituation. Dies kann im Training spielerisch und abwechslungsreich durch handballnahe Spiele trainiert werden. Die vorliegenden 60 Übungsformen sind in sieben Kategorien unterteilt und schulen die Spielfähigkeit.

Das Buch beinhaltet die folgenden Kategorien:

- Parteiball-Varianten
- Mannschaftsspiele auf verschiedene Ziele
- Fangspiele
- Sprint- und Staffelspiele
- Wurf- und Balltransportspiele
- Sportartübergreifende Spiele
- Komplexe Spielformen für das Abschlussspiel

Die Spiele sind leicht verständlich durch Text und Übungsbild erklärt und können in jedes Training direkt integriert werden. Durch verschiedene Schwierigkeitsstufen, zusätzliche Hinweise und Variationsmöglichkeiten können sie für jede Altersstufe angepasst gestaltet werden.

Taschenbücher aus der Reihe Handball Praxis

Handball Praxis 1 – Handballspezifische Ausdauer (5 Trainingseinheiten)

Handball Praxis 2 – Grundbewegungen in der Abwehr (5 Trainingseinheiten)

Handball Praxis 3 – Erarbeiten von Auslösehandlungen und Weiterspielmöglichkeiten (5 Trainingseinheiten)

Handball Praxis 4 – Intensives Abwehrtraining im Handball (5 Trainingseinheiten)

Handball Praxis 5 – Abwehrsysteme erfolgreich überwinden (5 Trainingseinheiten)

Handball Praxis 6 – Grundlagentraining für E- und D-Jugendliche (5 Trainingseinheiten)

Handball Praxis 7 – Handballspezifisches Ausdauertraining im Stadion und in der Halle (5 Trainingseinheiten)

Handball Praxis 8 – Spielfähigkeit durch Training der Handlungsschnelligkeit (5 Trainingseinheiten)

Handball Praxis 9 – Grundlagentraining der Altersklasse 9 bis 12 Jahre (5 Trainingseinheiten)

Handball Praxis 10 – Moderner Tempohandball: Schnelles Umschalten in die 1. und 2. Welle (5 Trainingseinheiten)

Handball Praxis Spezial 1 – Schritt für Schritt zur 3-2-1 Abwehr (6 Trainingseinheiten)

Handball Praxis Spezial 2 – Schritt für Schritt zum erfolgreichen Angriffskonzept gegen eine 6-0 Abwehr (6 Trainingseinheiten)

www.ingramcontent.com/pod-product-compliance
Lightning Source LLC
Chambersburg PA
CBHW042129080426
42735CB00001B/24

* 9 7 8 3 9 5 6 4 1 1 6 9 4 *